跨文化传播视角下中华传统文化的国际化发展研究

李 芳 鲁佳璧 杜佳颖 著

延吉·延边大学出版社

图书在版编目（CIP）数据

跨文化传播视角下中华传统文化的国际化发展研究 / 李芳，鲁佳璧，杜佳颖著. -- 延吉：延边大学出版社，2024.5
　　ISBN 978-7-230-06572-6

Ⅰ. ①跨… Ⅱ. ①李… ②鲁… ③杜… Ⅲ. ①中华文化－文化传播－研究 Ⅳ. ①G125

中国国家版本馆 CIP 数据核字（2024）第 102096 号

跨文化传播视角下中华传统文化的国际化发展研究

著　　者：李　芳　鲁佳璧　杜佳颖
责任编辑：王宝峰
封面设计：文合文化
出版发行：延边大学出版社
地　　址：吉林省延吉市公园路977号　　邮　编：133002
网　　址：http://www.ydcbs.com　　E-mail：ydcbs@ydcbs.com
电　　话：0433-2732435　　传　真：0433-2732434
印　　刷：长春市华远印务有限公司
开　　本：787毫米×1092毫米　1/16
印　　张：10.25
字　　数：200千字
版　　次：2024年5月第1版
印　　次：2024年5月第1次印刷
书　　号：ISBN 978-7-230-06572-6

定　　价：68.00元

前　言

在全球化时代，文化的交流和传播已经成为国际社会不可或缺的一部分。在这个背景下，中华传统文化的国际化发展成为引人注目的研究课题。随着中国成为全球重要的文化和经济力量，中华传统文化在国际上的影响力逐渐提高，对世界文化格局的塑造也产生了深远的影响。跨文化传播强调的是不同文化之间的相互影响、交流和融合，而中华传统文化的国际化发展正是在这一大背景下展开的。通过深入研究，人们可以更好地认识到中华传统文化在国际化过程中所面临的挑战，同时也能揭示其对全球文化多样性的贡献。

中华传统文化是中国几千年文明演进的产物，其包含丰富的哲学、艺术、语言、礼仪等元素。中华传统文化的独特性和深厚内涵使其在国际文化舞台上备受瞩目。从儒家思想到道家思想，从传统绘画到古典音乐，中华传统文化展现了博大精深的文明底蕴，对全球文化的发展产生了深远影响。孔子学院作为中文教育和文化传播的平台，在国际化进程中发挥着关键作用。通过在世界各地设立孔子学院，中文和中华传统文化课程得以广泛传播。此外，文学作品、电影、艺术展览等也成为中华传统文化国际传播的载体，为不同国家和地区的文化群体提供了了解中国文化的机会。

本书以跨文化传播视角为基点，探讨了中华传统文化国际化发展的过程和现状。通过对相关概念的界定，探讨了中华传统文化国际化发展的理论基础，分析了中华传统文化国际化发展现状，讨论了中华传统文化国际化发展总体战略，阐述了"一带一路"倡议、社交媒体时代和孔子学院对中华优秀传统文化国际化发展的作用与意义。

本书由成文清、刘佳威负责全书的统筹工作。希望本书对更全面地认识中华传统文化在国际传播中的地位，推动中国文化在全球范围内的传承和发展提供有益的参考。

目 录

第一章 绪论 ··· 1

    第一节 研究背景与意义 ··· 1

    第二节 研究思路与方法 ··· 7

    第三节 相关概念界定 ··· 18

第二章 中华传统文化国际化发展的理论渊源 ······················ 24

    第一节 传承与转化："和合"理念 ································· 24

    第二节 借鉴与发展：马克思主义总体性哲学 ···················· 29

    第三节 交流与共鸣：跨文化传播与文化认同 ···················· 38

第三章 中华传统文化国际化发展的现状 ······························ 54

    第一节 中华传统文化在国际上的认知和影响 ···················· 54

    第二节 中华传统文化的国际传播途径和策略 ···················· 67

第四章 中华传统文化国际化发展的总体战略 ······················ 87

    第一节 中华传统文化国际化发展的战略目标 ···················· 87

    第二节 中华传统文化国际化发展战略的实施主体 ············· 94

    第三节 中华传统文化国际化发展战略的受众 ···················· 100

第五章　"一带一路"倡议下的中华传统文化国际化发展 ……… 106

第一节　"一带一路"倡议下的中华传统文化国际化发展背景和目标 ……… 106
第二节　"一带一路"倡议下中华传统文化国际化发展的发展路径 ……… 118

第六章　社交媒体时代的中华传统文化国际传播 ……… 132

第一节　不同类型社交媒体的传播者及其作用 ……… 132
第二节　社交媒体对中华传统文化国际传播的影响 ……… 141
第三节　社交媒体时代中华传统文化国际传播的策略和效果 ……… 147

结　语 ……… 154

参考文献 ……… 156

第一章 绪论

第一节 研究背景与意义

一、研究背景

跨文化传播指处于不同文化背景的社会成员之间的人际交往与信息传播活动,其涉及各种文化要素在全球社会中迁移、扩散、变动的过程及其对不同群体、文化、国家乃至人类命运共同体的影响。在全球化的背景下,不同国家和地区文化之间的交流变得更加频繁和密切。中华传统文化作为中国几千年的文化遗产,在跨文化传播中扮演着重要的角色。

中华传统文化是一个多元和包容的文化体系,它融合了儒家、道家、法家、墨家、民间信仰等多种思想流派,形成了以人文主义为核心的文化精神,以和谐为理想的文化目标,以中庸为原则的文化理念,以礼仪为规范的文化形式。

总体而言,跨文化传播视角下中华传统文化的国际化发展的研究背景涵盖了全球化趋势、"软实力"建设、文化认同、新媒体和科技的影响,以及文化冲突与融合等多个方面。了解这些背景有助于更好地理解中华传统文化在全球范围内的传播与演变过程。

（一）中华传统文化的跨文化传播概述

随着全球化的推进，信息和文化的流动性大大增加。中华传统文化在全球化过程中与其他文化相互交流学习，发生着各种变化。在跨文化传播视角下对其进行研究有助于人们理解中华传统文化在全球范围内的传播路径和影响。

中华传统文化是中华民族的根基和灵魂，是中华文明的精髓和底蕴。它包含了丰富的思想、道德、艺术、科学、制度、习俗等内容，其体现了中华民族的智慧和创造力。历史上，中华传统文化不断地与其他文化进行交流和互动，既受到其他文化的影响，也对其他文化产生了影响，形成了多元而和谐的文化格局。在当今时代，全球化的趋势日益加强，中华传统文化的发展面临着新的挑战。一方面，中华传统文化受到了西方文化的冲击，有些传统文化的价值和意义被淡化或忽视，有些传统文化的形式和内容被曲解或歪曲，有些传统文化的特色和魅力被模仿或抄袭。另一方面，中华传统文化也得到了世界各国的关注和尊重，有些传统文化的精神和理念被借鉴或学习，有些传统文化的技艺和产品被欣赏或消费，有些传统文化的创新和发展得到支持或推动。

文化传播涉及文化的识别、理解、沟通、交流、融合等过程，也涉及文化的保护、弘扬、创新、发展等目标。通过对跨文化传播的研究，人们可以从多个角度和层面来分析中华传统文化的跨文化传播现状和问题，探讨中华传统文化的跨文化传播策略和方法，评估中华传统文化的跨文化传播效果和价值，为中华传统文化的对外传播提供理论和实践的指导与支持。

1.中华传统文化的跨文化传播主体

中华传统文化的跨文化传播主体是指中华传统文化的传播者和受众，以及他们之间的关系和互动。中华传统文化的传播者是指主动将中华传统文化传播给其他文化的个人或组织，如政府、媒体、教育、文化、旅游、商业等机构，以及艺术家、学者、教师、学生等人。受众是指被动接受中华传统文化的属于其他文化的个人或群体，如不同国家、地区、民族、宗教信仰、年龄、性别等的人们。传播者和受众之间的关系与互动是影响中华传统文化跨文化传播的重要因素，如传播者的动机、目的、态度、策略、能力等，以及受众的需求、兴趣、认知、评价、反馈等。

2.中华传统文化的跨文化传播的形式与内容

中华传统文化的跨文化传播形式是指中华传统文化的表现方式和载体，如语言、文字、符号、图像、声音、动作等，以及书籍、报刊、电视、电影、网络、展览、演出等。传播内容主要是传播中华传统文化蕴含的内涵和意义，如思想、道德、艺术、科学、制度、习俗等，以及它们所反映的中华民族的历史、现状、特点、价值、理想等。传播形式和内容之间的关系和变化是影响中华传统文化跨文化传播的重要因素。

3. 中华传统文化的跨文化传播环境

中华传统文化的跨文化传播环境包括中华传统文化的传播场景和条件，以及它们之间的关系和影响。中华传统文化的传播场景是指中华传统文化的传播发生的具体情境和背景，如不同的时间、空间、文化、社会、政治制度、经济制度等。中华传统文化的传播条件是指中华传统文化的传播所依赖的各种要素和资源，如技术、设备、资金、人力、法律、政策等。传播场景和条件之间的关系是影响中华传统文化跨文化传播的重要因素，如传播场景的多样性、复杂性、变化性等，以及传播条件的优劣、稳定、可持续性等。

4. 中华传统文化的跨文化传播的途径和形式

中华传统文化的跨文化传播，主要通过以下几种途径和形式：一是通过政治、经济、文化、教育等领域的交流和合作，推动中华传统文化的对外输出和互动。例如，通过建立孔子学院、举办中国文化年、支持海外华人华侨的文化活动等方式，增强中华传统文化的国际影响力。二是通过文化产业的发展和创新，打造中华传统文化的国际品牌和符号。例如，中国的电影、电视剧、动漫、游戏、音乐、文学，以及中国的美食、服饰、建筑、工艺品等文化产品，都在国际市场上受到了广泛的欢迎和认可。三是通过网络和媒体的传播和分享，扩大中华传统文化的国际受众和影响范围。例如，中国的网络平台、社交媒体、视频网站等，都为中华传统文化的跨文化传播提供了便捷和高效的渠道和平台。

5. 中华传统文化的跨文化传播的效果和影响

中华传统文化的跨文化传播，对中国国家形象的塑造和国际交往的影响力，有着积极的作用和意义。具体有以下几点：一是提升了中国的国际地位和声望，增强了中国的软实力和话语权。中华传统文化的跨文化传播，展示了中国的历史文化底蕴和现代文化创造力，传递了中国的和平发展和合作共赢的理念和愿景，赢得了国际社会的尊重和信任。二是促进了中国与世界的文化交流和互鉴，增进了中国与世界的相互了解和友好交往。中华传统文化的跨文化传播，传播了中国的文化价值观和思想理念，分享了中国的文化经验和智慧，激发了中国与世界的文化对话和合作，丰富了世界的文化多样性和促进了文明进步。三是推动了中华传统文化的创新和发展，增强了中华传统文化的生命力和魅力。中华传统文化的跨文化传播，激发了中华传统文化的自信和自觉，促进了中华传统文化的与时俱进和创新变革，使中华传统文化在新的时代和环境中焕发出新的活力和光彩。

（二）文化软实力塑造

文化软实力是指一个国家或地区通过其文化价值观、思想理念、生活方式等吸引和影响其他国家或地区的能力。文化软实力是国际竞争力的重要组成部分，也是国际交流与合作的重要桥梁。中华传统文化是中国文化软实力的重要组成部分，它包含了中国人的历史记忆、民族精神、道德规范、审美情趣等方面，是中国人的精神家园和文化基因。中华传统文化作为中国文化软实力的重要组成部分，对国家形象的塑造和国际交往的影响力的提高至关重要。研究中华传统文化在跨文化传播中的表现，有助于深入了解其在国际社会中的地位和影响。

（三）文化认同与对话

跨文化传播视角下的研究可以关注中华传统文化在国际社会中的认同问题。在文化交流中，中华传统文化如何在与其他文化的对话中保持独特性，同时又能够吸引其他文化的认同，是一个重要的研究方向。

1.文化认同的内涵和重要性

文化认同是指一个人或一个群体对自己所属的文化的认同感和归属感，它是一个人或一个群体的文化身份和文化自信的体现。文化认同的形成和维持，需要有一定的文化符号、文化记忆、文化传承和文化创新。文化认同对跨文化传播有着重要的作用，它可以增强一个国家或地区的文化自觉和文化主体性，也可以促进不同文化之间的相互尊重和理解，从而实现文化的多样性和文化的共存。

2.中华传统文化的认同

中华传统文化是中国的文化软实力的重要组成部分，它在国际社会中的认同问题，既受到国际环境的影响，也受到国内因素的制约。从国际环境看，中华传统文化面临着西方文化的冲击和挑战，以及其他文化的竞争和比较，需要在多元的文化格局中寻找自己的定位和优势，同时也需要在全球化的背景下，与其他文化进行交流和对话，从而展现自己的魅力和贡献。从国内因素看，中华传统文化面临着现代化带来的冲突和危机，以及多元化的需求和期待，其需要在传统与现代、本土与外来、一致与差异之间，寻求平衡和创新；同时也需要在国内外的双重认同中，建立自信和开放的文化心态。

3.中华传统文化的对话策略

中华传统文化在与其他文化的对话中，如何保持独特性，同时又能吸引其他文化的认同，是一个需要深入探讨的问题。笔者认为，中华传统文化的对话策略，可以从以下几个方面来考虑：一是坚定文化自信，突出文化特色。中华传统文化应该以自己的历史底蕴、文化精神、思想智慧、艺术创造等为基础，展示自己的独特性和价值，同时也应该以自己的和平理念、合作愿景、发展经验、人类关怀等为导向，展示自己的包容性和责任。二是借鉴文化经典，创造文化符号。中华传统文化应该以自己的文化经典、文化名人、文化遗产、文化符号等为资源，创造出具有代表性和影响力的文化产品和文化品牌，同时也应该以自己的文化创新、文化融合、文化变革、文化发展等为动力，创造出具有时代性和前瞻性的文化形式和文化内容。三是参与文化交流，建立文化共识。中华传统文化应该以自己的文化交流、文化合作、文化互鉴、文化互动等为途径，建立与其他文化的对话和沟通；同时也应该以自己的文化尊重、文化理解、文化包容、文化共享等为原则，建立与其他文化的认同和友好。

二、研究意义

跨文化传播视角下中华传统文化的国际化发展研究具有重要的意义，其涉及文化、社会、国际关系等多个层面。综合而言，该研究有助于促进中华传统文化的传承与创新，有助于提升国家软实力，有助于促进文化交流与理解，有助于提升人们对中华传统文化的文化认同，促进与其他文化的多元共生，有助于为中华传统文化在全球范围内的传播与发展提供有益的启示。

（一）文化传承与创新

1.文化传承与创新的内涵和目的

文化传承是指将文化的精神、思想、价值、知识、技能、艺术等从一代传递到另一代的过程，它是文化的延续和发展的基础。文化创新是指在文化传承的基础上，对文化的内容、形式、方法、功能等进行改进、更新、变革和创造的过程，它是文化的活力和进步的源泉。文化传承与创新的目的是保持文化的连续性和稳定性，同时增强文化的多样性和灵活性，使文化能够适应不断变化的环境和需求，实现文化的繁荣和发展。

2.中华传统文化的传承问题

中华传统文化是中国的文化根基和文化资源，它在国际化发展中需要得到有效的传承和保护。中华传统文化的传承问题，主要面临以下几个方面的挑战：一是传承主体的缺失，即中华传统文化的传承者和继承者之间的联系和沟通不足，导致中华传统文化的传播和教育受到影响。二是传承内容的流失，即中华传统文化的精神、思想、价值、知识、技能、艺术等在时间和空间的转移中遭到遗忘、破坏、曲解和误用，导致中华传统文化的内涵和特色受到损害。三是传承方式的落后，即中华传统文化的传承方法和手段与现代社会的发展和需求不相适应，导致中华传统文化的吸引力和影响力受到限制。

3.中华传统文化的创新问题

中华传统文化在国际化发展中，也需要适度的创新和变革，以增强时代性和竞争力。中华传统文化的创新问题，主要有以下几个方面的机遇：一是创新环境的优化，即中华传统文化在国际社会中享有较高的地位和声望，受到广泛的关注和尊重，为中华传统文化的创新提供了良好的外部条件。二是创新资源的丰富，中华传统文化拥有深厚的历史底蕴和丰富的文化元素，这为中华传统文化的创新提供了充足的内部素材。三是创新手段的多样，即中华传统文化可以利用现代科技和新媒体等多种手段，为自身的创新提供有效的工具和平台。

文化传承与创新是中华传统文化在国际化发展中面临的重要课题，它涉及中华传统文化的本质和特征，以及中华传统文化的适应和变革。这需要中华传统文化在坚持自身的精神和特色的同时，也要开放和借鉴其他文化的优势和经验，从而实现文化的传承和创新，为构建人类命运共同体贡献中国的文化智慧和力量。

（二）促进国家软实力建设

中华传统文化是中国的文化根基和文化资源，它包含了中国人的历史记忆、民族精神、道德规范、审美情趣等，是中国人的精神家园和文化基因。中华传统文化的软实力主要体现在以下几个方面：一是文化的深厚性，即中华传统文化有着悠久的历史和丰富的内涵，蕴含中国人的智慧和经验，具有强大的文化吸引力和感染力。二是文化的多元性，即中华传统文化是一个包容和融合的文化体系，它涵盖了儒家、道家、法家、墨家等多种思想流派，体现了中国人的文化多样性和文明进步。三是文化的和谐性，即中华传统文化强调人与自然、人与社会、人与人之间的和谐相处，倡导仁爱、忠诚、孝顺、礼让、恕道、中和等美德，体现了中国人的文化理念和文化愿景。

（三）促进文化交流与理解

中华传统文化在国际化过程中的互动与交流，有助于促进文化之间的相互理解。这对减少文化误解、促进和谐共处具有积极意义。

第二节 研究思路与方法

一、研究思路

对于跨文化传播视角下中华传统文化的国际化发展研究可以从多个方面入手，探讨中华传统文化在国际化过程中的演变和创新，以适应当代社会的多元化。

（一）从文化传播途径与渠道进行分析

1.国际媒体

国际媒体是中华传统文化传播的重要渠道，它可以使中华传统文化的信息和形象，迅速地传播到全球各地，扩大中华传统文化的国际影响力和知名度。国际媒体包括了电视、广播、报纸、杂志、网络、社交媒体等多种形式，它们可以通过新闻、评论、报道、专题、纪录片、电影、动画等多种方式，呈现中华传统文化的内容和特色。国际媒体对中华传统文化的呈现方式和效果，有着积极的一面，也有着消极的一面。国际媒体可以提高中华传统文化的国际知名度和认同度，增加中华传统文化的国际友好度和吸引度，促进中华传统文化的国际交流和合作。但是，国际媒体可能会对中华传统文化进行误读、曲解、歪曲和攻击，降低中华传统文化的国际信任度和尊重度，引发冲突和抵制。

2.文化交流活动

文化交流活动是中华传统文化传播的重要途径，它可以使中华传统文化的实践和体验，直接地传达到国际社会的各个层面，提高中华传统文化的国际感染力和魅力。文化交流活动包括了展览、演出、讲座、培训、交流、合作等多种形式，它们可以通过音乐、舞蹈、戏剧、书法、绘画、美食、服饰等多种方式，呈现中华传统文化的精神和风貌。文化交流活动对中华传统文化的呈现方式和效果，有着积极的一面，也有着消极的一面。文化交流活动可以增进中华传统文化的国际理解和尊重，促进中华传统文化的国际互鉴和互补，推动中华传统文化的国际融合和创新。但是，文化交流活动可能会对中华传统文化进行简化、符号化、商业化和娱乐化，降低中华传统文化的国际内涵和品位，引发中华传统文化的国际流失和消解。

3.国际学术研究

国际学术研究是中华传统文化传播的辅助渠道，它可以使中华传统文化的理论和知识，系统地传播到国际学术界和公众领域，提高中华传统文化的国际权威性和影响力。国际学术研究包括论文、专著、译著、教材、课程、研讨会、学术会议等多种形式，它们可以通过历史、哲学、宗教、文学、艺术、社会、政治等多种视角，呈现中华传统文化的思想和智慧。国际学术研究对中华传统文化的呈现方式和效果，有着积极的一面，也有着消极的一面。国际学术研究可以提高中华传统文化的国际认知度和尊重度，增加中华传统文化的国际贡献度和价值度，促进中华传统文化的国际传承和发展。但是，国际学术研究可能会对中华传统文化进行割裂、异化、抽象和理论化，降低中华传统文化的国际生命力和魅力，引发中华传统文化的国际断裂和危机。

中华传统文化在国际舞台上通过多种渠道进行传播，如国际媒体、文化交流活动、国际学术研究等。这些传播途径对中华传统文化的呈现方式和效果，有着不同的影响和作用。研究这些传播途径对中华传统文化的呈现方式和效果产生的影响，可以为中华传统文化的国际化发展提供有益的参考和启示。

（二）从国家软实力建设与文化政策进行分析

1.中国政府在国际传播中采取的文化政策

中国政府在国际传播中采取的文化政策主要有以下几点。一是加强文化外交，通过建立和发展与其他国家和地区的文化关系，增进文化交流和合作，提升中国的文化影响力和话语权。例如，中国政府设立了中国文化中心、孔子学院、中国国际广播电台、中国国际电视台等文化机构，以向世界传播中国的文化信息和形象。二是支持文化创新，即通过鼓励和支持文化产业的发展，促进文化产品和服务的数量和质量，提高中国的文化竞争力和吸引力。例如，中国政府出台了一系列的政策和措施，以扶持和培育文化企业、文化项目、文化人才等文化资源，以推动文化产业的转型和升级。三是保护文化多样性，即通过尊重和维护不同文化的特色和价值，促进各文化间的相互理解和尊重，提高中国的文化包容性和贡献性。例如，中国政府积极参与和推动联合国教科文组织等国际组织的文化活动和倡议，以促进世界文化的和谐与发展。

2.中国的文化机构在国际舞台上的角色

中国的文化机构在国际舞台上承担着重要的角色，主要有以下几个方面：一是传播中国的文化信息和形象，即通过各种媒介和方式，向世界介绍中国的历史、文化、社会、发展等方面，增加世界对中国的了解和认知，增强中国的文化自信和自觉。例如，中国相关文化部门在世界各地举办展览、演出、讲座、培训、交流等文化活动，以展示中国的文化精神和风貌。二是促进中国与世界的文化交流和互鉴，即通过各种渠道和平台，与世界各国和地区的文化机构和人士进行沟通与合作，增进文化的相互交流，增强中国的文化开放程度。例如，中国的文化机构与世界各国和地区的文化机构和人士签订了各种协议和合作项目，以推动文化的共享和创新。三是推动中国的文化创新和发展，即通过各种手段和方法，利用国际的资源和机遇，进行文化的反思、调整、更新和创造，增加文化的活力，推动文化的进步，增强中国的文化生命力和魅力。

（三）从科技对文化传播的作用进行分析

科技发展对文化传播方式和效果的影响，一是提高了文化传播的效率和质量，即科技发展使文化传播的速度更快、范围更广、成本更低、效果更好，使文化传播更加便捷、高效、准确和有力。二是增加了文化传播的智能化和创新性，即科技发展使文化传播的方式更多、形式更新、方法更灵、功能更强，使文化传播更加智能、多样、灵活和有趣。三是促进了文化传播的互动性和共享性，即科技发展使文化传播的参与者更多、关系更密、反馈更快、效应更强，使文化传播更加互动、共享、协作和共赢。

（四）从文化冲突与融合进行分析

中华传统文化在国际传播的过程中，难免会面临文化冲突的挑战。这些冲突源于不同文化体系之间的差异，包括价值观、信仰、习俗等方面。同时，文化冲突也可能在文化传播的各个层面产生，从艺术表达到社会习惯，都可能引发文化之间的不适和矛盾。如何处理这些文化冲突，以及如何处理中华传统文化与其他文化之间可能发生的融合与共生情况，这是一个值得深入思考的话题。

文化冲突的发生通常源于文化差异。中华传统文化与西方文化、东方其他文化之间存在着明显的差异，如价值观念、社会结构、人际关系等方面。在国际传播中，这些差异可能引发误解、矛盾和冲突。例如，中国传统的尊重长辈的礼仪在某些西方社会可能被解读为过于拘谨，而西方强调的个人主义在中国文化中可能被视为缺乏家庭责任感。因此，在处理文化冲突时，需要加强对不同文化间差异的理解，避免以自己文化的标准去评价和解读他人文化。

文化冲突的解决需要通过对话和交流来促进。通过建立文化交流平台、开展跨文化对话活动，可以让不同文化的人们更好地了解彼此的观念，降低文化冲突的可能性。这种对话不仅仅是在学术领域进行的，更可以通过文化艺术、影视作品等方式普及到大众中。这样的交流，可以拓宽人们的视野，增进对其他文化的包容和尊重，从而减少文化冲突的发生。

文化冲突的处理还需要借助于文化的再创造和重新解读。在国际传播中,中华传统文化可能会面临被误解、曲解的情况。在这种情况下,通过与不同文化进行对话,逐渐纠正误解,可以促进文化的再创造。例如,中华传统文化中强调的"中庸之道"的和谐理念,就可以通过与其他文化的对话,赋予其新的含义,使其更好地适应多元文化的背景。文化冲突的处理还需要有一定的适应性和灵活性。文化传播并非一成不变的过程,而是在动态变化中不断发展的。中华传统文化在国际传播中,在保持传统特色的同时,要做出一些适应性的调整。这包括在文化产品制作、文化表达形式等方面的调整,以更好地适应国际受众的接受程度和需求。通过适度的调整,中华传统文化可以更好地与其他文化相融合,形成新的文化合成体,与其他文化实现共生共存。

实际上,文化的融合是在文明交流中常见的现象。在国际传播中,中华传统文化与其他文化之间的融合并非单一方向的转变,而是一种相互影响、相互借鉴的过程。例如,在全球范围内,传统太极拳、中医养生等传统文化元素逐渐被吸纳并融入世界各地的健身和保健活动中。这种融合不仅仅是中华传统文化的输出,更是其他文化对中华传统文化的积极接纳和吸收的结果。

在文化融合的过程中,中华传统文化与其他文化之间的互相启发,促成了文化元素的互相渗透。例如,在国际音乐舞台上,中华传统音乐元素与西方音乐形式的结合,产生了新颖而独特的音乐表达方式。这种融合并非对传统文化的简单翻译,而是在吸收其他文化的同时,赋予中华传统文化新的生命力。这种共生共存的现象表明,文化并非封闭的,而是在不断发展变化中相互渗透、交融的。

中华传统文化在国际传播中既可能面临文化冲突,也可以实现与其他文化的融合与共生。处理文化冲突需要通过对话、交流、再创造等多种手段,增进不同文化之间的理解和尊重。而文化融合与共生则需要在适应性、灵活性的基础上,促成文化元素的互相启发和互相渗透。

二、研究方法

在进行跨文化传播视角下中华传统文化的国际化发展研究时需要运用多种研究方法,以全面、深入地了解文化在国际传播中的表现和影响。以下是一些可以采用的研究方法,这些研究方法可以单独或结合使用,以更全面地理解中华传统文化的国际化发展。

(一)案例研究

1.文化活动的案例——中国文化年

中国文化年是中国政府与其他国家和地区的政府共同举办的一系列的文化活动,其旨在展示中国的文化多样性和文明进步,增进中国与世界的文化交流,提升中国的文化影响力和话语权。中国文化年的案例有很多,如2004年的法国中国文化年、2007年的德国中国文化年、2012年的欧洲中国文化年等。这些中国文化年的文化活动涵盖了展览、演出、讲座、培训、交流、合作等多种形式,呈现了中国的历史、文化、社会、发展等多个方面,赢得了国际社会的广泛关注和好评。中国文化年的成功因素有以下几点:一是高层的支持和推动,即中国政府与其他国家和地区的政府达成了政治共识和战略合作,为文化活动的举办提供了坚强的保障和动力。二是多元的内容和形式,即中国文化年的文化活动涉及了多个领域和层面,采用了多种媒介和方式,展示了中国文化的丰富性和复杂性,满足了不同受众的文化需求和兴趣。三是互动的方式和效果,即中国文化年的文化活动注重与国际受众的沟通和合作,促进了文化的相互理解和尊重,激发了文化的共鸣和创新。

2.文化产品的案例——动画电影《哪吒之魔童降世》

《哪吒之魔童降世》是一部由中国导演饺子执导的动画电影,该片对中国神话中的哪吒这一经典形象进行了重新诠释和创造,展现了中华传统文化的创新和发展。《哪吒之魔童降世》在2019年上映,在中国乃至世界范围内都取得了巨大成功,这既是中国动画电影的里程碑,也是中国文化产品的典范。《哪吒之魔童降世》的成功因素有以下几方面:一是创新的内容和形式,即《哪吒之魔童降世》对中华传统文化的经典形象进行了大胆的改编和创造，赋予了哪吒新的个性和故事，展示了中华传统文化的活力和进步。二是优秀的技术和质量，即《哪吒之魔童降世》运用了先进的动画技术和手法，打造了精美的画面和音效，展示了中国动画电影的水平和实力。三是普遍的价值和意义，即《哪吒之魔童降世》传达了勇敢、自由、正义、爱等价值观和思想理念，展示了中国文化的包容和贡献。

3. 文化机构的案例——孔子学院

孔子学院是中国政府与其他国家和地区的教育机构共同建立的一种非营利的公益性教育机构，其旨在推广汉语和中国文化，增进中国与世界的教育交流和合作，提升中国的教育影响力和话语权。孔子学院的案例有很多，截至2019年12月，中国已在162个国家（地区）建立了550所孔子学院。这些孔子学院提供了汉语教学、中国文化传播、中国学术研究等多种服务，赢得了国际社会的广泛认可和支持。孔子学院的成功因素有：一是高层的支持和推动，即中国政府与其他国家和地区的政府达成了教育共识和战略合作，为孔子学院的建立和发展提供了强有力的保障和动力。二是多元的内容和形式，即孔子学院的教育服务涉及了多个领域和层面，采用了多种媒介和方式，展示了中国文化的丰富性和复杂性，满足了不同受众的教育需求和兴趣。三是互动的方式和效果，即孔子学院的教育服务注重与国际受众的沟通和合作，促进了教育的相互理解和尊重，引起了教育的共鸣和激发创新。

（二）调查与访谈

通过调查与访谈，可以更深入地了解国际受众对中华传统文化的认知、态度和反馈。访谈是通过与文化传播者、艺术家、学者等相关人士的交流，获取他们对中华传统文化的观点和经验。这些人士在文化传播的前线，能够提供丰富的实践经验和深刻的理论见解。通过与文化传播者的访谈，可以了解到他们在文化传播中采取的策略、面临的挑战以及取得的成就。艺术家的观点能够揭示中华传统文化在当代艺术创作中的体现，以及如何吸引和打动国际受众。学者的见解则有助于人们从理论层面深入探讨中华传统文化在国际传播中的影响机制，以及如何更好地推动文化的跨文化传播。在访谈部分，可以选择不同类型的相关人士进行深入的交流。对于文化传播者，可以了解他们在文化传播过程中的策略、难点和成功案例；对于艺术家，可以聆听他们对于中华传统文化的创作灵感和艺术表达的深层次理解；对于学者，可以与其深入探讨中华传统文化在国际传播中的文化影响力、跨文化传播的机制以及未来发展方向等问题。

调查是通过定量和定性研究，全面了解国际受众对中华传统文化的认知水平。通过问卷调查，可以收集大量的统计数据，从中分析出受众对中华传统文化的了解程度、涉及领域以及对其价值的认可程度。同时，通过深度访谈、焦点小组等方式，获取受众对于中华传统文化的深层次体验、个人感受以及文化交流的实际影响。这种综合性的调查研究能够帮助人们全面了解国际受众对中华传统文化的认知情况，为文化传播提供有针对性的策略。在调查中，可以从多个角度切入，关注受众对于中华传统文化的感知和接受程度。例如，可以了解受众是通过哪些途径接触中华传统文化的，是通过学校教育、社交媒体、艺术展览还是其他途径。这有助于人们了解文化传播的途径和渠道，为进一步推广作参考。还可以了解受众对中华传统文化的态度，包括喜好、认同感、文化价值等方面。这可以通过量表调查或深度访谈等方式获取。还可以关注受众的反馈和期望，了解他们希望从中华传统文化中获得什么，以及对传播活动的期望和建议。

通过综合分析调查和访谈的结果，人们可以全面了解国际受众对中华传统文化的认知、态度和反馈。这不仅有助于发现其中存在的问题和挑战，也为进一步推动中华传统文化在国际上的传播提供了有益的参考和指导。在未来的文化传播中，人们可以根据调查和访谈的结果，制定更加精准、符合国际受众需求的传播策略，从而进一步提升中华传统文化在全球范围内的影响力。

（三）内容分析

1. 内容特点

内容特点即国际媒体、社交媒体等平台与中华传统文化相关的内容的特点，主要有以下几方面：一是内容的多样性和复杂性，即国际媒体、社交媒体等平台上与中华传统文化相关的内容涉及了多个领域和层面，包括历史、文化、社会、政治、经济、科技等，展示了中华传统文化的丰富性和复杂性。二是内容的动态性和时效性，即国际媒体、社交媒体等平台上与中华传统文化相关的内容随着时间和事件的变化而变化，反映了中华传统文化的活力和进步。三是内容的主观性和客观性，即国际媒体、社交媒体等平台上与中华传统文化相关的内容受到了不同的主体和关系的影响，反映了中华传统文化的多元和谐。

2.传播路径和效果

传播路径和效果即国际媒体、社交媒体等平台上与中华传统文化相关的内容的传播路径和效果，主要有以下几方面：一是传播的渠道和方式，即国际媒体、社交媒体等平台上与中华传统文化相关的内容通过不同的媒介和手段进行传播，包括文字、图像、声音、视频、动画、游戏等，从而实现内容的多元化和立体化。二是传播的过程和条件，即国际媒体、社交媒体等平台上与中华传统文化相关的内容在传播过程中受到了不同的因素和环境的影响，包括语言、文化、政治、经济、技术等，实现了内容的动态化和时效化。三是传播的结果和影响，即国际媒体、社交媒体等平台上与中华传统文化相关的内容在传播结果中产生了不同的效果和影响，包括知晓度、认同度、尊重度、合作度等，实现了内容的有效化和有趣化。

3.报道差异

不同国家和地区的媒体对中华传统文化的报道差异，主要有以下几方面：一是报道的数量和频率，即不同国家和地区的媒体对中华传统文化报道的数量和频率不同，反映了不同国家和地区的媒体对中华传统文化的关注度和重视度不同。二是报道的内容和形式，即不同国家和地区的媒体对中华传统文化报道的内容和形式不同，反映了不同国家和地区的媒体对中华传统文化的理解度和认知度不同。三是报道的态度和情感，即不同国家和地区的媒体对中华传统文化报道的态度和情感不同，反映了不同国家和地区的媒体对中华传统文化的评价度和感受度不同。

通过对国际媒体、社交媒体等平台上与中华传统文化相关内容的分析，文化传播者可以了解中华传统文化在国际社会的形象，以及不同国家和地区的媒体对中华传统文化的报道差异。这对中华传统文化的国际化发展具有重要作用。

（四）社交网络分析

社交网络分析是一种有效的方法，可用于研究中华传统文化在国际社交网络中的传播路径、关键节点以及信息流动情况。通过深入分析社交网络的结构和互动模式，可以揭示中华传统文化在数字化时代的传播特点，分析信息传递与反馈机制，为更好地推动文化传播提供有益的帮助。

社交网络分析可以帮助文化传播者识别中华传统文化在国际社交网络中的传播路径。通过分析社交媒体平台上关于中华传统文化的信息传播路径，可以了解信息是如何在用户之间传播的，这包括用户之间的关联、信息的传递方向和频率等。通过描绘信息传播的网络图，可以清晰地看到中华传统文化在社交网络中的传播轨迹。这有助于识别传播的主要渠道和关键节点。在中华传统文化的传播中，可能存在一些拥有广泛影响力的个人、机构或社群，他们能够在社交网络中传播更多的信息，影响更多的受众。通过社交网络分析，可以识别这些关键节点，了解他们在文化传播中的作用，为文化传播策略的制定提供依据。

在社交网络中，互动模式是一个关键的研究方向。通过分析用户之间的互动模式，如评论、分享、点赞等，以及用户之间的讨论和交流情况，文化传播者可以了解中华传统文化在社交网络中是如何与受众进行互动的。通过深入了解互动模式，文化传播者可以把握用户的兴趣点、需求和反馈。这有助于文化传播者更加精准地调整传播策略，提高文化信息在社交网络中的传播效果，社交网络分析还可以揭示信息流动的路径和速度。通过追踪信息在社交网络中的传播速度，文化传播者可以了解信息是如何在不同用户之间迅速传递的。这有助于文化传播者更好地理解信息的传播机制，优化信息传递的路径，提高信息在社交网络中的传播效率。同时，分析信息流动的路径也能够帮助文化传播者发现潜在的信息扩散瓶颈，从而更有针对性地进行文化传播的引导和推动。在信息传递与反馈机制方面，社交网络分析可以揭示用户对中华传统文化的反馈方式和频率。通过分析用户的评论、回复、分享等行为，文化传播者可以了解用户对文化信息的态度、认同程度和需求。这有助于文化传播者更及时地了解受众的反馈，进行针对性的调整和改进，形成更加有效的信息传递与反馈机制。

社交网络分析为人们提供了一种深入研究中华传统文化在国际社交网络中传播情况的有力工具。通过揭示传播路径、关键节点、互动模式以及信息流动与反馈机制，文化传播者可以更好地理解文化在数字时代的传播特点，为提升文化传播效果提供科学依据。这种研究方法不仅有助于文化传播者更有针对性地制定策略，也能够为文化传播的持续发展提供有益的经验。

（五）比较研究

1.在国际传播中的异同

中华传统文化与其他文化在国际传播中的异同，主要是：文化的内涵和外延，即中华传统文化与其他文化在文化的本质、特征、功能、形式、类型、变迁等方面的异同，反映了文化的内在和外在的差异和联系；文化的传播和交流，即中华传统文化与其他文化在文化的传播渠道、传播方式、传播过程、传播效果等方面的异同，反映了文化的传播和交流的条件和结果；文化的影响和价值，即中华传统文化与其他文化在文化的影响力、影响范围、影响方向、影响内容等方面的异同，反映了文化的影响和价值的大小和方向。

2.比较接受程度

不同国家和地区对中华传统文化的接受程度，主要可以从以下几个方面进行比较：一是接受的数量和频率，即不同国家和地区对中华传统文化的接受的数量和频率不同，反映了不同国家和地区对中华传统文化的关注度和重视度；二是接受的内容和形式，即不同国家和地区对中华传统文化的接受的内容和形式不同，反映了不同国家和地区对中华传统文化的理解度和认知度；三是接受的态度和情感，即不同国家和地区对中华传统文化接受的态度和情感不同，反映了不同国家和地区对中华传统文化的满意度和感受度。

3.传播效果的影响

文化因素对传播效果的影响，主要有以下几方面：一是中华传统文化与其他文化在文化的内涵和外延方面的相似性和差异性，其影响了文化传播的难易程度和效果；二是中华传统文化与其他文化在文化的传播和交流方面的互动性和共享性，其影响了文化传播的范围和趣味性；三是文化的影响性和价值性，即中华传统文化与其他文化在文化的影响和价值方面的影响性与价值性，其影响了文化传播的目的和意义。

第三节　相关概念界定

在跨文化传播视角下,中华传统文化的国际化发展涉及以下相关概念,对这些概念的界定有助于理解中华传统文化国际化发展的复杂性,同时也为制定跨文化传播策略提供指导。在实际推动过程中,需要考虑这些概念的相互关系和平衡。

一、文化传播

文化传播是一种跨文化的交流和互动,它涉及中华传统文化元素在不同的文化和语境中的传递和分享,以及接受方对文化元素的理解和反馈。文化传播的界定,需要考虑信息传递的方式、语境的变化以及接受方对文化元素的理解这三个方面。

(一)信息传递的方式

信息传递的方式指的是文化传播中使用的媒介和手段,它决定了文化元素的表达和呈现的形式及特征。信息传递的方式可以分为口头的、书面的、视觉的、听觉的、动态的、静态的等多种类型,它们对文化元素的传递和分享有着不同的影响和效果。例如,口头的信息传递方式可以更好地体现文化元素的语言特色和情感色彩,但其也可能受到语言障碍和口误的影响;视觉的信息传递方式可以更好地展示文化元素的图像特征和美学价值,但也可能受到视觉偏见和误解的影响。因此,文化传播的界定,需要考虑到信息传递的方式对文化元素的传递和分享的优势与劣势,以及如何选择和使用合适的信息传递方式,以提高文化传播的效率和质量。

(二)语境的变化

语境的变化是指文化传播中的时间、空间、场合、目的、对象等因素的变化,它决定了文化元素的意义和效果的变化及差异。语境的变化可以分为内部的、外部的、主动的、被动的等多种类型，它们对文化元素的传递和分享有着不同的影响和效果。例如，内部的语境变化是指文化元素本身的变化，如历史的演变、文化的创新等，它们可以增加文化元素的活力，但也可能导致文化元素的失真和偏离；外部的语境变化是指文化元素所处的环境的变化，如政治的变迁、经济的发展等，它们可以增加文化元素的影响和价值，但也可能导致文化元素的利用和竞争。因此，文化传播的界定，需要考虑到语境的变化对文化元素的传递和分享的影响和效果，以及如何适应和应对语境的变化，以提高文化传播的适应性和灵活性。

（三）接受方对文化元素的理解

接受方对文化元素的理解是文化传播中的受众对文化元素的认知和评价，它决定了文化元素的接受和反馈的程度及方式。接受方对文化元素的理解可以分为主观的、客观的、积极的、消极的等多种类型，它们对文化元素的传递和分享有着不同的影响和效果。例如，主观的接受方对文化元素的理解是指受众根据自己的文化背景和文化需求，对文化元素进行个性化和情感化的认知和评价，它们可以增加文化元素的亲和力和吸引力，但也可能导致文化元素的片面性；客观的接受方对文化元素的理解是指受众根据文化元素的本身和语境，对文化元素进行全面和理性的认知和评价，它们可以增加文化元素的准确性和公正性，但也可能导致文化元素的冷漠和无趣。因此，文化传播的界定，需要考虑到接受方对文化元素的理解对文化传播的影响和效果，以及如何引导和激发接受方对文化元素的理解，以提高文化传播的认同性和趣味性。

二、跨文化交流

跨文化交流是指不同文化间相互学习和互动的过程。在中华传统文化国际化发展的语境下，界定跨文化交流包括各种形式的对话、合作和共享文化经验。

（一）对话的形式和内容

对话是指跨文化交流中双向的沟通和交流，它决定了文化的相互理解和尊重的程度和方式。对话的形式可以分为口头的、书面的、视觉的、听觉的、动态的、静态的等多种类型，它们对文化的表达和呈现有着不同的影响和效果。对话的内容可以分为历史的、文化的、社会的、政治的、经济的、科技的等多个领域和层面，它们对文化的认知和评价有着不同的影响和效果。因此，跨文化交流的界定，需要考虑到对话的形式和内容对文化的相互理解和尊重的影响和效果，以及如何选择和使用合适的对话的形式和内容，以提高跨文化交流的有效性和趣味性。

（二）合作的方式和目的

合作是指跨文化交流中的多向的协作和共享，它决定了文化的相互影响和贡献的程度和方式。合作的方式可以分为项目的、活动的、产品的、机构的等多种类型，它们对文化的创造和发展有着不同的影响和效果。合作的目的可以分为教育的、科研的、商业的、公益的等多种类型，它们对文化的价值和意义有着不同的影响和效果。因此，跨文化交流的界定，需要考虑到合作的方式和目的对文化的影响和效果，以及如何选择和使用合适的合作的方式和目的，以提高跨文化交流的目的性和意义性。

（三）共享文化经验的过程和结果

共享文化经验是指跨文化交流中的共同的体验和感受，它决定了文化的相互共鸣和创新的程度和方式。共享文化经验的过程可以分为参与的、观察的、反思的、评价的等多种类型，它们对文化的体验和感受有着不同的影响和效果。共享文化经验的结果可以分为知识的、技能的、态度的、情感的等多种类型，它们对文化的共鸣和创新有着不同的影响和效果。因此，跨文化交流的界定，需要考虑到共享文化经验的过程和结果对文化的共鸣和创新的影响和效果，以提高跨文化交流的共鸣性和创新性。

跨文化交流是一种不同文化间的相互学习和互动，它涉及中华传统文化与其他文化的对话、合作和共享文化经验，以及文化的互鉴和互补，它能促进文化的多元共生和文明进步。跨文化交流的界定，需要考虑到对话的形式和内容、合作的方式和目的、共享文化经验的过程和结果这三个方面，以提高跨文化交流的有效性、趣味性、目的性、意义性、共鸣性和创新性。

三、文化认同

文化认同是一个人对自身属于某个社会群体的认同感。文化认同是文化社会学的一个课题，与心理学密切相关，它是一个人的自我概念及自我认知。这种认同感的对象往往与国家、民族、宗教信仰、社会阶层、世代、定居地或者任何类型具有其独特文化的社会群体有关。文化认同不但是个人的特征，也是具有相同的文化认同或教养的人所组成的群体的特征。

文化认同是中华传统文化在国际舞台上保持独特性和辨识度的关键。界定文化认同涉及如何在跨文化传播中平衡传统价值和现代需求，以及在国际化过程中如何维护文化的核心特征。文化认同是一种对自身文化的认同感和归属感，它决定了文化的独特性和辨识度，以及文化的自信和自尊。

（一）在跨文化传播中平衡传统价值和现代需求

在跨文化传播中平衡传统价值和现代需求，是指在文化传播的过程中，既保持自身文化的传统价值，又能满足国际社会的现代需求，并实现文化的适应和创新。这需要文化传播者具备以下几个能力：一是文化的自知和自省，即对自身文化的传统价值有清晰和深刻的认识，能明确文化的本质和特征，以及文化的优势和劣势；二是文化的自信和自尊，即对自身文化的传统价值有坚定与自豪的信念和情感，能维护文化的尊严和权利，以及文化的影响和话语；三是文化的自强和自新，即对自身文化的传统价值有积极与进取的态度和行动，能推动文化的发展和创新。

（二）在国际化过程中维护文化的核心特征

在国际化过程中维护文化的核心特征，是指在自身文化与其他文化的交流和互动的过程中，保持自身文化的核心特征，同时与其他文化的核心特征进行对比和区分，实现文化的多元与和谐。这需要文化传播者有以下几个能力：一是对文化的敏感和理解，即对自身文化和其他文化的核心特征有敏锐和全面的观察与分析，能了解文化的异同和差异，以及文化的联系和影响；二是文化的尊重和包容，即对自身文化和其他文化的核心特征有友好和开放的态度和情感,能尊重文化的多样性和复杂性,以及文化的选择和自主;三是文化的互鉴和互补,即对自身文化和其他文化的核心特征有合作和共享的方式与目的,能促进文化的互相学习和借鉴,以及文化的互相支持和补充。

四、文化适应

文化适应是一种将中华传统文化元素与其他文化环境相结合,使之符合不同国家和地区的观众的期待和需求的过程,它决定了文化的传播效果和影响力,以及文化的创新和发展。文化适应的界定,需要考虑保留文化特色的原则和方法,以及使其更容易被外部文化接受的原则和方法,以提高文化适应的水平和质量。中华文化的文化适应指的是将中华传统文化元素融入其他文化环境,使之适应不同国家和地区的观众。在国际化过程中,需要考虑如何保留文化特色的同时,使其更容易被外部文化接受。

保留文化特色是指在文化适应的过程中,如何保持中华传统文化元素的本质和特征,使其不失去独特性和辨识度,实现文化的自我表达和自我肯定。这需要文化适应者遵循以下几个原则:一是明确文化的核心和边缘,即在文化适应的过程中,区分中华传统文化元素的核心和边缘,保留文化的核心,即文化的价值观和思想理念,调整文化的边缘,即文化的表现形式和传播方式。二是平衡文化元素的本土化和国际化,即在文化适应的过程中,平衡中华传统文化元素的本土化和国际化,保留文化的本土化,即文化的根源和特色,增加文化的国际化,即文化的通用性和兼容性。三是平衡文化的传统和创新,即在文化适应的过程中,平衡中华传统文化元素的传统和创新,保留文化的传统,即文化的历史和底蕴,推动文化的创新,即文化的活力和进步。

五、全球化

中华传统文化国际化是全球化的一部分,涉及中华传统文化元素在全球范围内的传播和影响。全球化的界定,需要考虑到文化在全球化过程中的互通和互动这两个方面,以提高其全球化的水平和质量。

（一）文化在全球化过程中的互通

文化在全球化过程中的互通，是指文化元素在全球范围内的传播和流动，以及文化元素与其他要素的联系和影响。文化在全球化过程中的互通，主要有以下几方面：一是文化的扩散和融合，即文化元素在全球范围内的扩散和融合，形成了全球文化和地方文化，以及多元文化和混合文化；二是文化的竞争和合作，即文化元素在全球范围内的竞争和合作，形成了文化的优势和劣势，以及文化的冲突与和谐；三是文化的创新和发展，即文化元素在全球范围内的创新和发展，形成了文化的活力和进步，以及文化的变革和适应。

（二）文化在全球化过程中的互动

文化在全球化过程中的互动，是指自身文化元素与其他文化元素的交流和互鉴，以及文化元素与其他要素的互动和互补。文化在全球化过程中的互动，主要有以下几方面：一是文化的对话和交流，即自身文化元素与其他文化元素的对话和交流，实现了文化的相互理解和尊重，以及文化的相互影响；二是文化的合作和共享，即自身文化元素与其他文化元素的合作和共享，实现了文化的相互支持和补充，以及文化的相互学习和借鉴；三是文化的多元与和谐，即自身文化元素与其他文化元素的多元与和谐，实现了文化的多样性和复杂性，以及文化的共生性和进步性。

第二章 中华传统文化国际化发展的理论渊源

第一节 传承与转化:"和合"理念

一、"和合"理念概述

"和合"是中华传统文化中一个深刻而综合的理念,其蕴含着丰富的哲学内涵。这一理念涵盖了社会、自然、人际关系以及个体心灵等层面,贯穿中国传统价值体系的方方面面。

"和合"首先强调的是和谐共生,这并非简单的同一性,而是在多元、复杂的环境中,各种事物能够和谐相处,相互促进,不互相排斥。这反映了一种平衡的思想,追求不同要素之间的和谐共生,以达到共同繁荣的局面。在这个层面,"和合"意味着社会应该追求共同的目标,个体和群体之间相互支持,形成一个和谐的社会结构。"和合"体现在人际关系和社会中,它强调相互理解、尊重和和睦相处。在人际交往中,个体之间应该建立互信,通过相互之间的理解和尊重,共同创造和谐的社会环境。这一理念反映了一种温和包容的文化观,其追求的是社会关系的和谐与稳定。"和合"也贯穿阴阳哲学中,其强调阴阳的平衡。阴阳是中医、道家思想中的核心概念,代表着相对、对立但又相互依存的两个方面。通过保持阴阳的平衡,人体能够实现健康和谐的状态。

自然与人的和谐也是"和合"理念的重要组成部分。中华传统文化强调人与自然的相互依存，提倡与自然和谐相处，而非对自然的过度开发和破坏。这体现了人类应该对自然心存谦卑而敬畏，秉持与自然共生共荣的观念。在文化层面，"和合"强调文化的融合与交流。不同文化之间应该交流融合，吸收各方的优点，从而形成更为丰富而和谐的文化体系。这反映了文化多样性的重要性，以及通过文化交流实现全球文明共存的追求。"和合"也涉及个体内心的平衡和谐。它强调内外一致，追求心灵的平静与和谐。通过修身养性、宽容谦和，个体能够实现内心的平衡，达到身心的和谐状态。

"和合"理念是一种在多个层面追求和谐、平衡、共生的综合思想。这一理念在中华传统文化中扮演着重要角色，影响着社会结构、人际关系、自然观念以及文化交流，为构建一个和谐社会、和谐自然、和谐个体的理想境界提供了深刻的指引。

二、"和合"理念在中华传统文化国际化发展中的阐释

中华传统文化国际化发展中的"和合"理念涉及文化传承与转化的核心观念。这一理念强调在文化传承的过程中，既要继承传统，又要进行创新，彼此要相互适应，从而实现传统与现代、中国与国际的和谐共融。"和合"理念为中华传统文化在国际化发展提供了一种灵活而包容的思路，强调传承与转化的平衡，为文化的融合与发展提供了理论指导。这一理念的实践有助于中华传统文化在国际社会中更好地展现其独特魅力，并在交流中促使文化的共融共生。

（一）传承与转化的统一

"和合"理念强调了传承与转化的统一，在国际化过程中保持传统文化独特性的同时，实现文化元素的转化和更新。这一理念体现了在传统文化基础上通过与国际文化对话，实现文化元素融合共生。这是传统文化在新的语境中得以延续和发展的重要观念。

传承与转化的统一意味着在保持传统文化独特性的同时进行创新。传统文化作为一个国家或社群的文化基因，承载着丰富的历史和价值观。"和合"理念强调传承，

这使传统文化能够在国际化过程中不失其根本特征。这需要在传承中注重文化元素的原汁原味，通过文化教育、艺术创作等手段，将传统文化的内涵传递给新一代。

文化元素的融合和共生是"和合"理念的重要体现。这并不是简单的文化抄袭或文化割裂，而是在尊重传统文化的基础上，通过与其他文化的有机结合，实现文化元素的共生。这可以体现在跨文化的艺术作品、文学创作、音乐演出等方面。在这个过程中，传统文化在国际化的背景下不仅得以传承，还能够焕发出新的生命力。"和合"理念强调传承与转化的统一，为中华传统文化在国际化过程中提供了一种有机的发展路径，即在传统文化的基础上进行创新，通过与国际文化的对话实现文化元素的融合和共生，从而使传统文化在新的语境中不断焕发出活力。这一理念的实践既有助于弘扬传统文化，又能为文化多样性的繁荣作出积极的贡献。

（二）文化认同与包容性

"和合"理念在国际化过程中强调建立文化认同的共识，促使中华传统文化与其他文化之间形成和谐互补的关系。同时，"和合"理念强调包容性，使得中华传统文化在国际舞台上更容易被接受，同时也为其他文化提供了认知和理解中华传统文化的机会。

1.文化认同共识

"和合"理念首先强调在国际化过程中建立文化认同的共识。文化认同的共识是各个文化间相互理解与尊重的基础。通过强调文化认同的共识，"和合"理念促使中华传统文化与其他文化之间建立相互理解的桥梁，减少文化之间的隔阂和误解。这种共识的建立不仅有助于中华传统文化在国际社会中树立积极的形象，也为中国文化与其他文化的互动提供了和谐的基础。在国际化过程中，"和合"理念的另一个重要方面是强调文化间形成和谐互补的关系。中华传统文化有着深厚的历史和独特的价值观，"和合"理念鼓励中华传统文化在国际化的背景下与其他文化形成互补关系，实现文化元素的共生。这不仅能够丰富中华传统文化本身，还能为其他文化提供新的思路和启示。通过在文化交流中形成和谐互补的关系，中华传统文化不仅得以传承，更能够在国际舞台上发挥独特的作用。

2.强调包容性

"和合"理念强调包容性,这使中华传统文化在国际舞台上更容易被接受。包容性意味着对其他文化的接纳和尊重。在国际化过程中,中华传统文化通过强调包容性,不仅表达了对其他文化的尊重,也展现了其自身的广阔胸怀。这使得中华传统文化能够在全球范围内更加广泛地传播,被更多受众所接纳。

"和合"理念的包容性也为其他文化提供了认知和理解中华传统文化的机会。通过接触和了解中华传统文化,其他文化能够更深入地了解中国的历史、价值观以及社会风俗。这种相互的认知和理解有助于打破文化之间的隔阂,促进跨文化交流与合作。通过"和合"理念强调的包容性,中华传统文化会成为连接不同文化的纽带,为全球文化的多元共生提供重要的平台。"和合"理念的实践在国际化过程中为中华传统文化的传播和其他文化的认知提供了有益的路径。通过达成文化认同的共识,形成和谐互补的关系,强调包容性,中华传统文化能够更好地在国际舞台上展现其独特魅力。这种理念的实践不仅有助于中华传统文化在国际上的传播,也为全球文化多样性的繁荣与共生提供了一种积极的模式。

(三) 文化创新与时代精神

"和合"理念认为,传承不是僵化的复制,而是创新的过程。在国际化的背景下,中华传统文化需要在新的时代精神中找到发展的可能性。"和合"理念鼓励对传统文化进行有机的创新,以满足当代社会的需求,使其更具活力和生命力。

1.传承与创新的结合

传承与创新的结合是"和合"理念的核心。传承并不是简单地重复和保守地继承,而是在继承传统的基础上,融入新的时代要求和精神内涵。这一理念认为,传统文化的真正价值在于其对人类文明的贡献,并鼓励在传承中进行有机的创新。中华传统文化作为一种宝贵的精神财富,通过创新能够更好地适应现代社会的发展,在时光中焕发新的生命力。国际化的背景要求中华传统文化在全球化的潮流中找到定位,在面对不同文化的冲击和影响时,需要有意识地进行转化和创新,以更好地适应多元文化的共存问题。

"和合"理念强调中华传统文化与其他文化之间形成和谐互补的关系,这也包括通过创新使中华传统文化更具包容性，更容易与其他文化产生共鸣，使其更具国际影响力。时代精神是推动文化创新的引擎，"和合"理念认为，传承需要与时俱进，融入新的时代精神。时代精神是一种在社会、经济、科技等多方面发展的背景下产生的新观念和价值取向。传统文化要想在国际化的过程中找到生根发芽的可能性，就需要对时代精神的敏锐洞察，使传统文化更好地融入当代社会，满足人们对文化需求的变化。

2.时代精神

在时代精神的引领下，中华传统文化的创新可以体现在多个方面。"和合"理念强调对中华传统文化的有机创新，使其更适应当代社会的需求，更具生命力。创新并不是放弃传统，而是在传统的基础上进行有机的发展。这种创新不仅有助于中华传统文化在国际化的过程中找到新的发展路径，也会使其更好地服务于人类社会的发展。"和合"理念的实践为文化的传承和创新提供了一种积极的方法，为中华传统文化在国际舞台上的展示与传播注入了新的活力。

（四）国际交流与对话

"和合"理念强调国际交流与对话的重要性。通过与其他文化的交流，中华传统文化可以汲取外部文化的优秀元素，拓展自身的内涵，实现文化元素的共生与共融。

参与国际交流有助于中华传统文化更好地在国际上发声，同时也能够促进文化多样性的繁荣。

（五）文化价值与社会和谐

"和合"理念将文化的价值与社会和谐紧密联系在一起。中华传统文化的传承与转化的过程应当有助于社会的和谐发展，使传统文化的智慧为社会提供更好的指导和引领。

文化价值与社会和谐是一种文化与社会的互动，它涉及文化的价值观在社会的和谐发展中的作用和影响，以及社会的和谐发展在文化的价值观中的反映和体现。文化价值与社会和谐的界定，需要考虑到"和合"理念的内涵和外延，传承与转化的过程和结果，以及在国际化过程中的作用和影响这三个方面，以提高文化价值与社会和谐的水平和质量。

第二节　借鉴与发展：马克思主义总体性哲学

一、马克思主义

马克思主义是一种反映社会发展规律和揭示人类社会发展趋势的科学社会主义理论。这一理论体系由德国思想家卡尔·马克思和弗里德里希·恩格斯共同创立，奠定了现代社会科学的基础。马克思主义深刻地洞察了社会的本质、阶级矛盾和历史的发展规律，是引领社会变革和思想解放的重要武器。马克思主义认为，社会的发展是由物质生产力和生产关系的变革推动的。在历史唯物主义看来，社会各个阶段的崩溃和更替都源于生产力的发展和新的社会关系的产生。历史唯物主义提供了对社会发展规律的深刻洞察，指导人们认识和把握社会变革的趋势。

马克思主义的另一重要哲学理论是辩证唯物主义，它揭示了事物发展的根本原因在于事物内部的矛盾性。辩证唯物主义认为，事物的发展不是简单的线性过程，而是包含着对立面的斗争和统一。矛盾推动了事物的变革和发展，而辩证法则揭示了矛盾的普遍性和不断演进的本质。

马克思主义还提出了关于阶级斗争的概念，即在资本主义社会中，阶级分化成为社会的主要矛盾。马克思主义认为，资本主义社会的阶级对立是生产关系和生产力矛盾的产物。这使得阶级斗争成为社会演进的动力，共产主义社会将通过阶级的消失而实现全人类的平等。

马克思主义对资本主义经济的分析也是其核心概念之一，通过对商品、货币和资本的研究，马克思主义揭示了资本主义经济体制中存在的剥削机制和贫富差距的本质。这种对资本主义经济的深刻批判不仅使马克思主义成为一种革命的思想，同时也使它成为理解现代社会经济结构的有力工具。

马克思主义的社会学理论也对国家和政治的角色进行了深刻分析。国家被看作是阶级统治的工具，其本质是为了维护统治阶级的利益。政治则被视为阶级斗争的表现形式，通过政治手段来维持和巩固阶级统治。这一观点为人们理解国家和政治的真实面貌进行了深刻的解释。

马克思主义是一种关于社会、历史和经济的全面理论，其核心概念包括历史唯物主义、辩证唯物主义、阶级斗争和对资本主义的批判。这些概念为理解社会的发展和变革提供了深刻的洞察力，使得马克思主义成为引领社会变革和解放的重要思想武器。

二、中华传统文化国际化发展对马克思主义的借鉴和发展

马克思主义为理解中华传统文化在国际化发展中的理论提供了借鉴和发展的可能性。通过借鉴马克思主义总体性哲学的理论观点，并结合中华传统文化国际化发展的实际情况，可以形成更具理论深度和实践指导性的研究框架。这有助于深入理解中华传统文化在国际舞台上的发展规律，为文化传播提供更科学的指导和支持。

（一）历史唯物主义的视角

1. 借鉴

历史唯物主义提倡通过对历史和社会发展规律的深入研究，揭示社会现象的本质和动力。历史唯物主义认为，社会的发展是由物质生产力和生产关系的矛盾推动的，而文化是社会的上层建筑，反映了社会的经济基础和阶级关系。因此，文化的发展也是受到物质条件和社会形态的制约和影响的。同时，其对社会的进步和变革也会起到重要的作用。

2. 发展

在研究中华传统文化国际化发展时，可以采用历史唯物主义的视角，深入分析传统文化在历史演变中的内在规律，以更好地理解其在国际化过程中的发展趋势。中华传统文化是中华民族在长期的历史实践中形成的一种独特的文化，它包含了丰富的思想、道德、艺术、风俗等方面的内容，体现了中华民族的精神特质和价值取向。中华传统文化在不同的历史时期，有着不同的发展特点和表现形式，与社会的物质生产和生活方式相适应，与社会的政治制度和阶级斗争相联系，与社会的科学技术和文明进

步相影响。

中华传统文化的国际化发展,是指中华传统文化在全球范围内的传播和影响,以及与其他文化的交流和互动。中华传统文化的国际化发展,既是中华传统文化自身发展的需要,也是适应世界多极化和文化多样化的发展趋势的需要。

中华传统文化的国际化发展,需要遵循历史唯物主义的视角,既要坚持中华传统文化的历史性和社会性,也要注重中华传统文化的创新性和时代性;既要尊重中华传统文化的多样性和差异性,也要强调中华传统文化的共性和普遍性;既要积极推动中华传统文化的输出和发挥影响力,也要积极参与中华传统文化的输入和借鉴;既要保持中华传统文化的独立性和自主性,也要促进中华传统文化的互动性和合作性,从而实现中华传统文化的国际化发展的目标和价值。

(二)辩证唯物主义

1.借鉴

辩证唯物主义注重矛盾的存在和发展,强调事物的辩证运动。辩证唯物主义是一种科学的、全面的、动态的、发展的思维方法,它以事物的矛盾为核心,以事物的运动为基础,以事物的质变为目标,以事物的规律为指导,以事物的实践为依据,以事物的发展为结果。

辩证唯物主义是一种对立统一的思维方法。它认为,事物的本质是由事物内部的主要矛盾和次要矛盾所构成的,事物的发展是由事物内部的矛盾斗争和统一所推动的。因此,辩证唯物主义要求人们在研究事物时,要从事物的矛盾出发,把握事物矛盾双方的对立和统一,分析事物矛盾的性质和地位,揭示事物矛盾的变化和发展,从而正确地认识和处理事物的矛盾。

辩证唯物主义还是一种质量互变的思维方法。辩证唯物主义认为,事物的运动是由事物内部的质和量的相互转化所决定的,事物的质变是由事物的量变所引起的,事物的量变是由事物的质变所反映的。因此,辩证唯物主义要求人们在研究事物时,要从事物的运动出发,把握事物的质和量的相互关系,分析事物的质和量的相互转化,揭示事物的质变和量变的规律,从而正确地认识和掌握事物的运动。

辩证唯物主义是一种否定之否定的思维方法。辩证唯物主义认为,事物的发展是由事物自身的否定和外部的否定所推动的，事物的否定既是事物发展的必然结果，又是事物发展的新的开始。因此，辩证唯物主义的辩证法要求我们在研究事物时，要从事物的发展出发，把握事物的否定和肯定的相互关系，分析事物的否定和肯定的相互作用，揭示事物的否定之否定的过程，从而正确地认识和促进事物的发展。

2.发展

在研究中华传统文化国际化发展时，可以通过辩证唯物主义分析传统文化内外部矛盾，探讨其在国际舞台上可能遇到的挑战与机遇，并通过辩证的方式寻找解决方案。中华传统文化的国际化发展，既是中华传统文化的内在要求，也是外部环境的客观要求；既有利于中华传统文化的保护和传承，也有利于中华传统文化的创新和发展；既有利于中华民族的文化自信和尊严，也有利于人类的文化共享和进步。

中华传统文化的国际化发展，也存在着一些矛盾和问题。例如，如何保持中华传统文化的特色和魅力，如何适应国际社会的需求和标准，如何处理好中华传统文化与其他文化的关系，如何应对国际文化的竞争和冲突等。这些矛盾和问题，要求人们在研究中华传统文化国际化发展时，不仅要看到其积极的一面，也要看到其消极的一面；不仅要看到其一般的一面，也要看到其特殊的一面；不仅要看到其现实的一面，也要看到其潜在的一面；不仅要看到其表面的一面，也要看到其深层的一面。只有这样，才能全面地、客观地、辩证地认识中华传统文化的国际化发展，才能有效地、科学地、创造地促进中华传统文化的国际化发展。

（1）坚持原则和灵活的辩证统一

我们要坚持中华传统文化的核心价值和基本特征，不迷失自己的文化根基和文化方向，同时也要灵活地适应不同的文化环境和文化需求，不拘泥于固定的文化形式和文化内容，从而实现中华传统文化的国际化发展的原则性和灵活性的统一。

（2）坚持创新和传承的辩证统一

我们既要坚持中华传统文化的创新和发展，不断地丰富和完善自己的文化内涵和文化表现，同时也要坚持中华传统文化的传承和保护，不断地弘扬和继承自己的文化精神和文化遗产，从而实现中华传统文化的国际化发展的创新性和传承性的统一。

（3）坚持交流和合作的辩证统一

我们要坚持中华传统文化的交流，不断扩大影响，不断地向世界展示和传播自己的文化魅力，同时也要坚持中华传统文化的合作和借鉴，不断地向世界学习和吸收其他文化的优秀成果和文化经验，从而实现中华传统文化的国际化发展的交流性和合作性的统一。

（4）坚持自主和共享的辩证统一

我们要坚持中华传统文化的自主和自信，不断地提高自己的文化素养和文化能力，同时也要坚持中华传统文化的共享和参与，不断地促进自己的文化与其他文化的对话和互动，从而实现中华传统文化的国际化发展的自主性和共享性的统一。

（三）总体性

1. 借鉴

总体性的核心理念是综合全面地认识事物，并关注事物之间的相互关系。这一思想在各个领域都有着深远的影响，无论是在哲学、科学、社会学还是其他学科中，总体性认识都被视为一种有益的方法。在实践中，我们可以通过借鉴总体性的思维方式来拓展我们对世界的认知，从而更好地理解复杂的现实。

总体性思维的借鉴意味着超越片面的看法，尝试以更广泛、更全面的视角来把握事物。很多时候，人们可能习惯于将事物分割成独立的部分，而总体性认识则要求我们将这些部分重新整合，形成一个更为完整的画面。这样的综合性思维有助于我们摆脱狭隘的局部观念，更好地理解事物的本质。以生态系统为例，总体性认识要求人们不仅关注个体生物的特征，还要考虑它们之间的相互作用、生态链条的稳定性，以及环境变化对整个系统的影响。通过这样的综合性思维，人们能够更全面、更深刻地理解生态系统的运行机制。

2. 发展

在研究中华传统文化国际化发展的过程中，采用总体性的研究方法是至关重要的。这一方法要求综合考虑文化的历史、社会、经济等多个因素，以全面把握文化传播的复杂性。通过总体性研究，我们可以深入挖掘中华传统文化的国际化路径，理解其在全球范围内的影响力和挑战，同时也有助于为文化交流提供更为全面的参考和指导。

通过总体性研究的方法，我们可以深入探讨中华传统文化的历史脉络。了解文化的历史背景对理解其国际化过程至关重要。中华传统文化源远流长，积淀了丰富的哲学、文学、艺术等元素。通过综合考虑历史因素，可以追溯文化元素的演变和传承，揭示文化内在的发展逻辑。这样的历史维度不仅有助于理解文化在国际传播中的起源和演变，也为我们提供了更为深刻的认知基础，有助于更好地应对文化交流中可能出现的误解。

社会因素在中华传统文化国际化过程中扮演着重要的角色。社会结构、价值观念、政治制度等因素都对文化的传播产生深刻的影响。总体性研究方法要求我们深入分析这些社会因素，以揭示文化传播中的社会动力和制约因素。例如，在中华传统文化国际化的背景下，社会的多元化和全球化趋势使得文化传播面临着新的机遇和挑战。通过总体性研究，可以更全面地了解文化在全球范围内的接受程度，以及不同社会背景下的文化解读方式。这有助于制定更为精准的文化传播策略，促进中华传统文化更好地融入全球文化的潮流。

总体性研究方法还要求人们从文化本身的内在逻辑出发，深入挖掘文化传播的复杂性。中华传统文化自身具有独特的哲学体系、艺术风格和价值观念，通过总体性研究，人们可以更好地理解这些文化特征在国际传播中的表现形式。同时，关注文化的内在逻辑也有助于理解文化在国际传播中的受众反馈和解读。例如，在文化输出的过程中，人们需要考虑接受文化的社群如何理解和接纳这些文化元素，以及其可能产生的文化融合效应。总体性研究方法的应用也为中华传统文化在国际化过程中的争议和挑战提供了更为系统的分析。例如，文化输出可能会面临着文化自信与尊重他者文化之间的平衡问题，通过总体性研究，人们能够更好地理解这一争议的背后逻辑，提出更为全面的解决方案。同时，文化国际化可能引发文化失真与传统丧失的担忧。总体性研究方法有助于深入了解这些担忧的来源，寻找既能传承传统文化又能适应现代需求的平衡点。

（四）人的历史地位

1.借鉴

马克思主义对人的历史地位进行了深刻的研究，强调了人类作为历史的创造者的角色。根据马克思主义的观点，人类通过社会实践不断改造自然和社会，推动历史的发展。这一观点为我们在研究中华传统文化国际化发展时提供了重要启示。

在马克思主义的视角下，人类是社会历史的主体，是推动社会变革和发展的动力源。人通过劳动改造自然，通过社会实践改造社会，从而不断塑造历史的进程。这种强调人的主体性的观点对我们理解文化传播过程中人的角色至关重要。在文化传播中，人不仅是信息的接收者，更是传播的动力，是文化传播活动的主体。

2.发展

在研究中华传统文化国际化发展时，应关注人的主体性，探讨文化传播过程中人的角色和作用，强调文化传播的主体性与参与性。文化传播不仅仅是信息的单向流动，更是人类互动的结果。因此，需要理解在文化传播中，人的主体性如何体现，以及人是如何参与并推动文化的国际传播的。

文化传播的主体性体现在人的创造和塑造过程中。文化的国际传播并非简单的信息输出，而是需要人的参与和创造。人在传播中既是接收者，同时也是创作者和塑造者。通过参与文化的传播，人不仅仅是信息的传递者，更是文化的演绎者；通过自身的理解和表达赋予文化以新的内涵。这一主体性的角色使得文化传播不再是被动地接受，而是具有创造性和活力。

人的参与性表现在文化传播的互动和交流中。中华传统文化的国际传播是一个动态的过程，需要不同文化之间的交流与互动。人作为主体，通过参与各种文化活动，促进了文化的交流。这种参与性使得文化传播更具包容性和多元性，有助于促进不同文化之间的理解与融合。人的参与性在文化传播中扮演着桥梁的角色，促进了文化的国际化和多元共生。

人的主体性和参与性还在文化传播的反馈机制中得到体现。人在接收文化信息的同时，通过思考、评论、反馈等形式，将自己的理解和认知反馈给整个文化传播系统。这种反馈机制使得文化传播更具动态性和适应性，有助于调整文化传播的方向和内容，使其更符合受众的需求。人的反馈作用是文化传播中不可或缺的一环，这种方式使文化传播能够更好地适应多元化的需求，实现更为广泛的影响。

人的主体性和参与性还表现在文化传播中的跨文化交流和文化创新。人在参与跨文化交流的过程中，不仅仅是文化的传递者，更是文化的创新者。通过不同文化之间的碰撞与融合，人能够创造出新的文化形式和艺术表达方式。这种创新不仅促进了文化的发展，同时也推动了文化的国际传播。人的主体性和参与性在文化的创新中得以充分发挥，使得文化传播更具活力和创造力。

马克思主义对人的历史地位的关注为我们理解文化传播中人的主体性提供了有益的启示。在研究中华传统文化国际化发展时，我们应当深刻认识到人的主体性和参与性在文化传播中的关键作用。通过关注人的创造力、互动性、反馈机制和文化创新等方面，人们能够更全面、深入地理解文化传播的复杂性，从而为中华传统文化在国际舞台上的更好发展提供有力支持。

（五）实践与意识的关系

1.借鉴

马克思主义对实践与意识的关系进行了深刻的思考，强调实践是认识的源泉，实践与意识相互作用。这一观点为我们理解文化传播中实践与意识的关系提供了有益的启示。马克思主义认为，实践不仅是对外界的反应，更是人类认识世界的主要途径。通过实际的社会实践，人们能够获取并不断更新对世界的认识，这一认识又反过来影响和指导实践。这种相互作用的关系使得实践和意识密不可分，共同构成了人类社会发展的动力和基础。

2.发展

在研究中华传统文化国际化发展的过程中，借鉴马克思主义的思想，我们可以采用实践性的研究方法，深入了解文化传播的实际效果，以实际行动促进对文化传播更深刻的认识。

实践性研究方法要求人们关注文化传播的实际运作和效果。通过实地考察、调查研究、参与观察等方式，人们能够深入了解文化传播活动的具体实施情况，观察文化元素在不同文化背景下的接受程度。这样的实践性研究有助于人们真实地捕捉文化传播的动态，而非停留在理论层面的推测。通过实践性的观察，人们能够发现文化传播中可能存在的问题和挑战，从而有针对性地提出改进和优化的建议。实践性研究方法强调参与性的观察与实践。通过参与文化传播活动、与相关从业者互动，人们能够深入了解传播过程中各个环节的实际运作情况。这种参与性的实践不仅丰富了研究者对文化传播的直观认知，也为研究者提供了更为全面的信息基础。通过与实际从事文化传播的人交流互动，人们可以更好地理解他们在实践中所面临的困境和挑战，为文化传播的规划和实施提供更为切实可行的建议。

实践性研究方法还注重文化传播的实际效果评估。通过实地调查和数据收集，我们能够客观地了解文化传播的实际影响，包括对受众的影响、对社会的影响等。这种实证性的研究方法有助于建立科学的评估体系，帮助我们更准确地判断文化传播的成效。通过对实际效果的评估，人们可以发现并纠正文化传播中可能存在的偏差和问题，提高传播的有效性和适应性。这种参与性的研究方法有助于建立更为紧密的文化传播网络，加深受众对文化的理解和认同，提升文化传播的社会效应。

（六）社会历史发展阶段的观念

1. 借鉴

马克思主义强调社会历史的发展具有阶段性，认为不同的历史时期有着独有的特征和发展规律。这一观点为人们理解社会历史发展提供了有益的思考框架，对研究中华传统文化国际化发展也具有一定的指导意义。

在马克思主义的视角下，社会历史发展可以被划分为不同的阶段，每个阶段都有着特定的经济、政治、文化等方面的特征。历史唯物主义使我们能够更深入地认识社会历史的演进，理解其中的必然规律和变革的动力。

2. 发展

在研究中华传统文化国际化发展时，可以结合社会历史发展的阶段性思想，分析传统文化在不同历史时期的国际传播特点和趋势。这有助于人们更全面地理解传统文化在国际传播中的演变过程，并更有针对性地制定文化传播策略。

例如，在研究封建社会的传统文化国际传播时，人们可以关注其相对封闭和局限性的特点。在这一时期，社会制度相对稳定，文化传播主要通过外交、贸易等途径展开，传统文化的国际传播主要受制于社会结构和政治体制，表现为一种官方化的、精英化的传播方式。通过深入分析封建社会的国际传播特点，我们能够更好地理解传统文化在这一时期的影响力和局限性。

在近现代时期，特别是在改革开放以后，中国社会的迅速变革也对传统文化的国际传播产生了深刻的影响。这一时期的国际化传播更加开放、多元，传统文化通过各种途径走向世界。社会的开放性、信息技术的发展、文化产业的崛起等因素使得传统文化的国际传播更具广度和深度。通过分析这一时期的国际传播特点，人们能够更好地理解传统文化如何适应现代社会的需要，实现更为广泛的传播。

当前全球化的趋势也对中华传统文化的国际传播提出了新的挑战和机遇。全球化使得信息传播更加便捷，但也带来了文化同质化的压力。在这一背景下，人们可以分析传统文化在全球化进程中的角色和地位，思考如何在全球文化交流中保持中华传统文化的独特性和魅力。利用马克思主义的社会历史发展阶段性思想，通过深入分析中华传统文化在不同历史时期的国际传播特点和趋势，人们能够更全面、深刻地理解传统文化在国际舞台上的发展轨迹。这样的研究不仅能够帮助人们更好地传承和弘扬中华传统文化，也有助于制定更为有效的国际传播策略，使传统文化在当代社会焕发新的生命力。

第三节　交流与共鸣：跨文化传播与文化认同

一、跨文化传播与文化认同的联系

跨文化传播与文化认同是当今全球化背景下的重要主题之一。这两者相互关联，涉及不同文化之间的信息传递、理解和接受，以及个体和群体对自身文化的认同和接纳。跨文化传播与文化认同相辅相成，相互影响。在全球化时代，理解和尊重不同文化是促进跨文化理解、合作与和谐共处的重要前提。

（一）跨文化传播

1.定义

跨文化传播是指信息在不同文化之间传递的过程，包括语言、符号、价值观等文化元素在跨越国界、语境和群体的情境中的传播和交流。这一概念涵盖了不同文化之间的信息传递，强调了文化差异对信息解读和传播的影响。跨文化传播不仅仅关注信息的传递，更关注信息在不同文化中的接受、理解和回应。

2.内容

跨文化传播包括语言、符号、价值观等文化元素在跨越国界、语境和群体的情境中的传播和交流。

（1）语言传播

语言传播是跨文化传播最为基础和核心的元素之一。不同国家和文化使用不同的语言，语言的表达方式和语法结构都承载着深刻的文化内涵。在跨文化传播中，语言的选择、翻译和口音等都直接影响信息的准确传达。语言的差异既是一种障碍，也是一种丰富多彩的文化表达方式。

语言的选择在跨文化传播中具有决定性的作用。语言系统不仅仅是简单的工具，更是文化认同的象征。例如，中文的一词多义、英文中的严谨表达等特点都反映了不同文化对语言的不同理解和运用方式。因此，在跨文化传播中，选择语言进行信息传递将直接影响受众的理解和感知。翻译是语言传播中的一项关键工作。由于不同文化背景下的语言存在独特性，准确地将信息翻译成另一种语言是一项复杂而具有挑战性的工作。翻译工作不仅要求对语言本身的熟练掌握，还需要对文化内涵的深刻理解。一个合格的翻译者不仅要准确地传达信息，还要在翻译中保持原文的文化特色和情感色彩，以确保受众能够真正理解并产生共鸣。

在跨文化传播中，口音也是一个值得关注的因素。不同地区、不同文化背景下的口音可能导致同一语言的听众产生不同的理解。口音不仅仅是语音表达的差异，更是文化背景差异和地域差异的体现。因此，说话者的口音可能对信息的接收产生深远的影响，甚至影响到信息的可信度和亲近感。语言的差异既是跨文化传播的一种障碍，同时也是一种丰富多彩的文化表达方式。通过深入了解不同语言背后的文化内涵，人们可以更好地应对语言差异带来的挑战，更加准确地传达信息。此外，跨文化传播也为语言的多样性提供了平台，促进了语言的相互影响和交流，丰富了全球文化的底蕴。

语言传播在跨文化传播中扮演着至关重要的角色，直接关系到信息是否能够被准确传达和理解。深刻理解语言背后的文化内涵，采取有效的翻译和传播策略，有助于打破语言的障碍，促进文化之间的深入交流与理解。

（2）符号传播

符号传播在跨文化传播中占据着至关重要的地位。符号系统包括文字、图像、颜色等，这是文化传播的重要媒介。在跨文化传播中，符号的含义和象征可能因文化差异而产生变化。理解不同文化的符号意义对于准确传达信息至关重要。同时，跨文化传播也促使符号的演变和新的文化符号的产生，从而推动文化的创新和融合。

在符号传播中，文字是一种主要的符号表达方式。不同的文字系统承载着不同文化的传统、价值观和历史，因此文字在跨文化传播中的选择至关重要。翻译文字涉及语言和文化的双重因素，需要翻译者充分理解原文的文化内涵，以确保信息在跨文化环境中得到准确传达。图像作为一种视觉符号，具有直观、生动的表达效果。然而，在不同文化中，同一图像可能具有不同的象征意义。例如，同一种颜色在不同文化中可能代表着不同的含义，图案和形状也可能因文化差异而产生截然不同的解读。因此，在跨文化传播中，图像的选择和设计需要综合考虑目标文化的文化底蕴，以确保信息的传达不受误解。颜色是符号传播中的重要元素之一。不同的文化对颜色的解读和喜好可能存在显著的差异。例如，在中国文化中，红色通常被视为吉祥的象征，而在西方文化中可能更多地与激情和爱情联系在一起。因此，在使用颜色进行跨文化传播时，需要特别注意颜色的文化内涵，以避免不必要的误解和冲突。

跨文化传播不仅是符号的传递，更是符号的演变和创新。在文化交流过程中，符号可能因为融合、借鉴而产生新的含义，甚至衍生出新的文化符号。这种符号创新不仅推动了文化的发展，也为跨文化传播提供了更为丰富和多样的表达方式。符号传播在跨文化传播中扮演着至关重要的角色。深刻理解不同文化中符号的含义，采取灵活而适应性强的符号传播策略，有助于确保信息在跨文化环境中传达得准确、清晰。同时，符号也是文化交流的桥梁，符号的创新和融合，能够促进文化多元性的繁荣。

（3）价值观传播

不同文化拥有独特的价值观念和道德观念。在跨文化传播中，传递的信息往往涉及价值观的表达和传递。了解不同文化中的价值观念有助于更好地调整信息的呈现方式，以适应目标文化的价值体系。这也是促进文化多元性的关键要素。

文化中的价值观是根深蒂固的信仰和行为准则，它包括对善恶、美丑、正误等方面的理解，是文化认同的核心。在跨文化传播中，如何传递并理解这些价值观念是一项具有挑战性的任务。理解不同文化中的价值观念是跨文化传播的基础。每种文化都有其独特的价值体系，这体现在家庭、社会、工作等方面的态度和行为规范中。例如，一些文化可能更注重集体主义，而另一些可能更强调个体主义。深入了解这些差异，有助于避免在传播过程中引发文化冲突，从而提高信息传递的准确性。

在跨文化传播中，传递信息时需要考虑信息所蕴含的价值观念。这不仅包括言辞的选择，还包括信息中所传达的情感、态度等方面。对于目标文化的价值体系要有敏感性，这有助于更好地调整信息的呈现方式，使其更具吸引力和说服力。在价值观传播过程中可能会产生文化冲突。不同文化的价值观存在差异，这些差异可能导致信息被误解或产生不适当的反应。在面对文化冲突时，需要采取积极的策略，通过对话和理解，解决潜在的误解，推动文化之间的协调与共融。价值观传播也是促进文化多元性的关键要素。通过传递不同文化的价值观，可以增进人们对于文化多样性的理解和尊重。这有助于建立开放、包容的文化氛围，推动文化之间的互学互鉴。

跨文化传播中，价值观传播不仅是信息的传递，更是文化之间的对话和交流。透过价值观的传播，人们能够深入了解不同文化的内涵，拓宽视野，促进全球文化的交流与发展。价值观传播在跨文化传播中具有重要地位。通过理解和尊重不同文化中的价值观，精心调整信息传递的方式，能够使跨文化传播更加顺畅、有效，推动文化多元性的繁荣和共享。

（4）文化身份和认同

跨文化传播涉及文化身份和认同的传播。人们在接收信息时，往往会根据自身的文化身份和认同来解读信息。在跨文化传播中，需要考虑目标受众的文化认同，以确保信息能被正确地收和理解。这也涉及文化的包容性和对其他文化的尊重，避免与其他文化产生冲突或排斥。

文化身份是个体对自己所属文化的认同感和归属感。在跨文化传播中，人们可能同时属于多个文化群体，其文化身份可能会受到多重影响。因此，在传递信息时，了解目标受众的文化身份结构，考虑到这些身份的交织关系，有助于更准确地预测他们对信息的反应。文化认同在跨文化传播中对信息的接收会产生深远影响。个体对自己文化的认同程度，可能影响其对其他文化信息的接收态度。在信息传播中，需要考虑目标受众的文化认同，避免触及到其敏感点，以确保信息能够被接收并融入其文化认同体系。在跨文化传播中，文化认同的包容性与尊重显得尤为重要。尊重不同文化，不仅意味着避免对其他文化的负面刻板印象，更包括对文化差异的欣赏和尊重。通过展现包容性，可以营造出更加积极的跨文化传播氛围，降低信息传递中可能引发的文化冲突。

文化身份和认同的传播需要避免引发冲突或排斥。在信息设计和传播中，需要审慎选择表达方式，避免使用可能触及文化敏感点的语言或图像。通过采用文化中立的表达方式，可以在最大程度上避免信息引发不必要的文化冲突，确保信息更加平稳地融入目标文化。文化身份和认同的传播不仅仅是信息的传递，更是文化之间的互动与交流。通过积极的双向沟通，了解不同文化中的认同特点，可以建立起更为深厚的文化联系。这种联系不仅有助于信息更好地传递，也能促使文化之间的理解和尊重。

文化身份和认同的传播是跨文化传播中的重要环节。通过深刻理解目标受众的文化身份和认同，以及采用尊重、包容的传播策略，可以使信息更好地融入目标文化，避免冲突，促进文化之间的良性互动。文化身份和认同的传播不仅是信息传递的过程，更是文化之间相互尊重、共同发展的契机。

（二）文化认同

1.概念

文化认同作为一个深刻而复杂的主题，涉及个体或群体对其所属文化的一种深刻认同感和归属感。这一概念体现了人们对共同价值观、信仰、传统和行为规范的接纳程度，并在这些共同点上建立对自我和社群的认同。文化认同不仅是对文化的理解，更是一种情感的体现，是个体与社会背景之间互动的结果。在全球化的今天，对文化认同的理解变得愈发重要，因为它涉及个体在多元文化环境中的定位、沟通和共融。

文化认同包括对共同价值观的接纳。个体或群体通过对文化内共同价值观的认同，表达了对所属文化核心原则的认同。这可能包括对道德准则、社会规范以及人际关系的理解等方面的共鸣。这种方式使文化认同成为个体与文化之间相互连接的纽带，使个体感受到与社群的共通性，从而塑造出一种内在的认同感。信仰在文化认同中扮演着重要的角色。信仰是文化认同的核心元素之一，它不仅包括对宗教信仰的认同，也涉及对某种思想、哲学或道德体系的坚持。通过对信仰的认同，个体会在文化中找到一种精神支持和归属感，这有助于构建一个有着共同信仰的社群，进而强化文化认同的纽带。

文化认同还涉及对传统的接纳。传统是文化的延续，是对过去经验和智慧的一种珍视。通过对传统的认同，个体或群体表达了对文化历史的尊重，并在传统价值观的基础上建立对自我身份的认同。这种对传统的接纳也有助于维护文化的连贯性和稳定性，形成一种文化认同的传承。文化认同涉及对行为规范的认同。不同文化中存在着各自独特的行为规范，这包括社交礼仪、行为举止、家庭结构等方面。通过对这些行为规范的接纳，个体或群体能够更好地融入文化中，感受到社会的认同和支持。行为规范的认同也是文化认同的一种表达方式，通过在行为上体现文化的特色，个体展现了对文化的自豪和归属感。在全球化的社会中，对文化认同的理解不再局限于单一文化，而是更加开放和多元。个体可能同时涉足于多种文化，面对多元文化的挑战和机遇。在这种背景下，文化认同的建构变得更加复杂，个体需要更加灵活地应对不同文化之间的冲突和融合。跨文化的交流和互动，促使个体在文化认同的建构中更加灵活和开放，同时也为文化认同的深化提供了更多的可能性。

文化认同是个体或群体对其所属文化的一种深刻认同感和归属感，涉及对共同价值观、信仰、传统和行为规范的接纳。通过对这些元素的认同，个体在文化中找到了自我身份的坐标，建立了与社群的情感纽带。在全球化的背景下，文化认同的理解愈加重要，为个体在多元文化环境中的定位和互动提供了关键的参考。因此，深入探讨文化认同的内涵和构建过程，有助于更好地理解个体在不同文化中的角色和情感连接。

2.文化认同的动态性

文化认同是动态变化的，受到社会、经济、政治等多种因素的影响。跨文化传播的发展也可能对文化认同产生影响，引发文化认同的重新构建。文化认同的动态性体现在它是一个不断变化、受到多种因素影响的过程。社会、经济、政治等多方面的变化都能够在不同程度上塑造和重新构建文化认同。此外，随着全球化和跨文化传播的不断发展，个体的文化认同也面临新的挑战和变革。

社会因素对文化认同的动态变化有着显著的影响。社会结构、价值观念、文化氛围等的变化都能够对个体的文化认同产生影响。社会的快速发展和变革可能导致传统文化元素的丧失，从而影响到个体对于传统文化认同的深度。同时，社会中新兴的文化形态、价值观念的涌现也可能激发个体对新文化元素的认同。

经济因素也是文化认同动态性的重要驱动力。经济发展带来的生活方式的改变、职业结构的变化等都可能对个体的文化认同产生深远的影响。例如，城市化的推进可能使得个体在不同地理环境中生活，从而面临多元文化的冲击和融合。经济因素还可能导致文化认同中对物质文化的重新审视，对消费习惯、品位的调整也可能影响到文化认同的建构。

政治因素同样在塑造文化认同的动态性方面起到关键作用。政治体制的变革、国际关系的发展等都可能对个体的文化认同产生深远的影响。政治动荡可能引发对文化认同的重新思考，个体可能通过对政治变革的回应来重新定义自身在文化中的地位。国际关系的发展也可能加强对多元文化的认同，使得个体更加开放和包容。

全球化和跨文化传播的兴起更是为个体文化认同动态性等方面带来了新的层面。跨文化传播不仅为不同文化之间的交流提供了便利，同时也带来了文化元素的混合和融合。这种文化融合可能使得个体面临更多元的文化选择，从而对传统文化认同进行重新审视和调整。在跨文化传播的影响下，个体会更加开放，能够接纳多元文化，形成更为灵活和丰富的文化认同。跨文化传播的影响也可能引发文化认同的重新构建。个体在接触其他文化时，可能经历文化冲突、文化融合的过程，这促使他们对自身的文化认同进行反思。在这个过程中，个体可能选择保持传统文化认同，也可能选择接纳新文化元素，或者形成一种复合式的文化认同。这种变革可能使得文化认同更加丰富和多元，同时也能为跨文化传播提供更广阔的发展空间。

全球化和跨文化传播的发展为文化认同带来了新的挑战和机遇，使得个体在多元文化中的定位更加复杂和灵活。通过深入理解文化认同的动态性，人们能够更好地应对文化变迁的挑战，从而促进文化的多元发展和交流。

（三）文化认同与社会认同

文化认同不仅是个体层面的，也涉及整个社会或群体。社会认同是指一个群体对自己所属社会的认同感，其中文化认同是社会认同的重要组成部分。文化认同和社会认同是紧密相关的概念，它们在个体和整个社会层面都发挥着重要作用。文化认同是指个体或群体对其所属文化的认同感和归属感，而社会认同则是指一个群体对自己所属社会的认同感。这两者之间存在着深刻的相互影响，文化认同作为社会认同的重要组成部分，在社会层面塑造了群体的特征和身份。

文化认同在社会认同中起到了关键的建构作用。一个社会的文化元素，包括共同的价值观、信仰、传统等，它们构成了社会的文化认同基石。个体通过对这些文化元素的认同，加强了对所属社会的认同感。社会中的共同文化元素是群体形成和团结的重要因素，通过文化认同的建构，形成了群体的身份认同，使得社会在多样性中呈现出相对的一致性，社会认同的形成也影响着文化认同的塑造。社会中的共同认同感会对个体的文化认同产生影响，个体在社会认同的引导下，可能更加强烈地认同所属文化。社会中的价值观念、社交规范等对个体形成了一种文化认同的模式，使得个体在社会中找到了自我在文化中的定位，进而形成对中华传统文化的认同。

在全球化的时代，社会认同和文化认同的动态变化呈现出更加复杂的面貌。跨文化传播的加深使得社会中的文化元素变得更为多元，个体可能同时涉足不同文化。这使得社会认同和文化认同的互动更为丰富，个体在多元文化中的定位变得更加灵活和开放。同时，社会的开放性也对文化认同产生了影响，促使文化认同向更加包容和多元的方向发展。

文化认同和社会认同是相辅相成的，彼此之间存在着深刻的影响。文化认同作为社会认同的重要组成部分，塑造了个体在社会中的身份和定位。社会认同的形成又对文化认同的建构起到重要的引导作用，这种相互关系在社会层面塑造了群体的特征和身份认同，同时也影响着个体在文化中的认同感。在全球化的背景下，文化认同和社会认同的动态变化是一个复杂而多元的过程，为社会和文化的共同发展提供了新的机遇与挑战。

（四）文化认同在跨文化传播中的作用

文化认同在跨文化传播中发挥着关键作用，它影响着个体或群体对外来文化的接受、解读和反应。文化认同的强烈程度直接影响着信息的过滤、接收或拒绝，从而在跨文化传播中塑造了个体或群体的态度和行为。

文化认同在跨文化传播中扮演着信息过滤的角色。个体或群体在接收外来文化信息时，会受到其本身文化认同的影响。强烈的文化认同可能导致信息的过滤，即选择性地接收与自身文化认同一致的信息,而对不一致的信息忽视或拒绝。这种过滤作用使得个体更倾向于接受那些与其文化认同相符的观点和价值观,从而形成一种信息的偏好和选择性。

文化认同影响着外来文化信息的解读。同一条信息在不同文化背景下可能被赋予不同的含义,而文化认同的强烈程度会影响个体对信息的理解和解释。个体或群体可能根据自身文化认同的框架,对外来文化信息进行主观性的解读,使其与本身的文化价值观相协调。这种主观性的解读使得外来文化信息在接收时产生了一定的变形和调整,反映了个体对文化认同的坚守和塑造。文化认同还在跨文化传播中影响着信息的接收或拒绝。个体或群体的文化认同程度高,可能更加倾向于接收与其文化认同相符的信息,而对于与之不一致的信息可能产生抵触或拒绝行为。这种接收或拒绝的行为在跨文化传播中表现为对外来文化的态度和行为反应,体现了文化认同对信息接收和行为决策的深刻影响。

文化认同还可能在跨文化传播中引发文化冲突。当个体或群体的文化认同与外来文化发生冲突时,可能会产生一系列负面的情感和行为反应。这种文化冲突可能导致信息的误解、对立和隔阂,从而阻碍有效的跨文化传播。因此,在跨文化传播中,理解并尊重不同文化认同的存在是解决文化冲突的关键。

文化认同在跨文化传播中扮演着至关重要的角色。个体或群体的文化认同影响着他们对外来文化信息的过滤、解读和反应。文化认同的强烈程度决定了个体在跨文化传播中的心态和行为,直接影响着文化交流的质量和深度。在全球化的时代,培养文化敏感性,促进文化认同的理解与包容,对实现有效的跨文化传播和促进文化交流具有重要意义。

(五)媒体和技术的角色

媒体和技术在跨文化传播中扮演着关键角色。全球化时代的媒体和技术使信息能够更快速、广泛地传播,从而推动不同文化之间的交流。

1.跨文化传播的平台和渠道

通过媒体和技术,人们可以跨越地域、时间和空间的限制,与不同文化的人进行沟通和交流。例如,互联网、社交媒体、卫星电视、手机等都是媒体和技术的代表,它们使人们能够获取和分享各种文化的信息和资源,增进了对文化的理解和尊重。

2.跨文化传播的创新和变革

利用媒体和技术,可以创造和传播新的文化形式和表达方式,也可以对现有的文化进行批判和改造。例如,数字艺术、网络文学、电子音乐、动漫游戏等都是媒体和技术的产物,它们展示了文化的多样性和创造力,也反映了文化的动态性和变化性。

3.跨文化传播的挑战和问题

在使用媒体和技术时,也可能遇到一些跨文化传播的困难和冲突,如文化差异、文化冲突、文化霸权、文化同化等。媒体和技术的使用可能导致一些文化的优势和劣势,也可能导致一些文化的丢失,甚至导致一些文化的冲突和对抗。

媒体和技术在跨文化传播中扮演着关键角色,它们既有积极的一面,也有消极的一面。人们在使用媒体和技术进行跨文化传播时,应该有意识地保持一种批判性和开放性的态度,既要充分利用媒体和技术的优势,也要注意避免媒体和技术的弊端,从而实现跨文化传播的和谐和发展。

二、"交流与共鸣"理论在中华传统文化国际化发展中的阐释

中华传统文化国际化发展中的"交流与共鸣"理论涉及跨文化传播和文化认同的重要概念。通过应用"交流与共鸣"理论,研究者能够更深入地理解中华传统文化在国际舞台上的传播情况,同时也有助于提出推动跨文化传播的策略,促使文化在国际社会中更好地交流与共鸣。这一理论在中华传统文化国际化发展中的阐释主要有以下几点:

(一)跨文化传播的视角

"交流与共鸣"理论是一种强调在文化国际化过程中的跨文化传播的理论框架。该理论着眼于文化元素在不同文化之间的传递、解读和交流,强调了通过建立共鸣实现文化之间深度交流的重要性。在研究中华传统文化国际化发展时,我们可以聚焦于中国文化元素在国际社会中的传播路径、方式和效果,以及与其他文化之间可能发生

的交流互动。

1.文化传播路径

中华传统文化国际化的过程有多种传播路径，如书籍、电影、电视等。通过这些传播路径，中国古代文学作品、传统绘画作品、传统医学等成功打入了国际市场，成为中国文化传播的窗口。此外，随着数字媒体和互联网的兴起，中国文化在全球范围内得到更广泛的传播，如通过社交媒体平台分享中国传统节日庆典、手工艺品等。

2.文化传播方式

在跨文化传播中，文化元素的传播方式至关重要。语言、符号、视觉元素等是文化传播中常用的手段。对于中华传统文化，中文作为载体在全球范围内传播着中国的思想、哲学和文学。中式服饰、传统建筑、传统绘画等视觉元素也成为文化传播的重要组成部分。此外，表演艺术，如中国传统舞蹈、京剧等，通过国际巡回演出的方式，将中国文化以生动的方式向世界观众呈现。

3.文化传播效果

中华传统文化国际化的效果不仅仅体现在文化元素在国际市场的接受度上，更关键的是其对跨文化交流和理解的影响。在国际社会中，中国文化元素的传播既引起了外国人对中华传统文化的好奇，也促进了他们对中国现代社会的关注。例如，中国古典文学名著《红楼梦》在国际文学领域获得广泛关注，成为中国文化在世界文学史上的一部重要作品。

4.与其他文化的交流互动

在文化国际化的过程中，与其他文化的交流和互动是不可忽视的部分。中华传统文化在国际社会中的传播，既包括中国向外传播，也包括外部文化对中国的解读和反响。这种双向的交流互动有助于构建文化共鸣，实现文化间的互通和理解。

（二）文化认同的构建

"交流与共鸣"理论为我们提供了一个深入理解文化认同构建的框架，特别是在中华传统文化走向国际舞台的过程中。在全球化的潮流下，如何在国际受众中建立文化认同，以及跨文化传播的受众对中华传统文化的接受，成为研究的焦点。下面通过探讨中华传统文化国际化的发展，分析受众如何接受和理解文化元素，以及文化认同在国际传播中的建构机制。

1.文化元素的传播

中华传统文化的国际传播首先需要考虑的是文化元素的传播。例如，中国传统绘画、文学、哲学等文化元素，通过各种媒介引入国际市场。电影作品如《卧虎藏龙》，文学名著如《红楼梦》等，作为中国文化的代表，成功吸引了国际观众的注意。

2.语言和翻译的作用

语言是文化传播的桥梁，中文的传播是中国文化在国际舞台上的一项重要挑战。翻译作为跨文化传播的关键环节，需要在保持原汁原味的同时，适应目标受众的语言和文化习惯，使文化元素在翻译中得到更准确的理解。

3.跨文化对话的重要性

跨文化对话是文化认同建构的重要环节。通过互动、交流，中华传统文化可以更好地融入国际社会。文化节目、展览、庆典等形式的活动为不同文化之间的对话提供了平台，促使观众更深入地了解中华传统文化。

4.文化认同在国际传播中的建构机制

媒体是塑造文化认同的重要工具。通过各类媒体平台，可以进行中华传统文化的宣传和推广。成功的国际宣传有助于在国际受众中构建对中华传统文化的认同，推动文化的深度交流。文化产品的输出是文化认同建构的有效途径。当下，中国的许多电影、电视剧、音乐等文化产品在国际市场上成功输出，这不仅为中华传统文化赢得了更广泛的认可，也助力了中国文化产业的国际化发展。

通过举办文化节庆和活动，可以在国际舞台上更直观地展示中华传统文化的魅力。例如，春节庆典、传统音乐演出等，能够吸引国际观众亲身体验、感受中华传统文化，进而建构对文化的认同。

（三）文化共鸣感

"交流与共鸣"理论为我们打开了理解文化传播中的情感共鸣和认同感的大门。在国际舞台上，中华传统文化在受众中是否能够引发共鸣感，以及这种共鸣感是否对文化传播产生积极的作用，是当下研究的重点。通过调查和分析国际受众的反馈，我们可以深入了解中华传统文化在国际社会中所产生的共鸣感，以及如何更有效地构建文化共鸣感。

1. 文化符号的情感触发

中华传统文化中丰富而深刻的符号,如龙、凤、红色、传统建筑等,往往能够触发国际受众的情感共鸣。这些符号代表着中国的独特文化,触发了人们对神秘、历史、美好等情感层面的认同和共鸣。

2. 文学与艺术作品的情感传递

文学、艺术作品作为文化的精髓,通过情感的传递能够引起国际受众的共鸣。例如,中国古代诗词的优美表达、京剧的戏剧性表演,都能够激发观众的情感共鸣,使他们更深刻地体验到中华传统文化的魅力。

3. 传统节庆和仪式的情感体验

中国传统的节庆和仪式,如春节、中秋节等,通过色彩斑斓的庆典和独特的仪式,勾勒出一种独特的情感氛围。国际受众在参与或观察这些活动时,可能感受到对于中华传统文化的深刻情感共鸣。

4. 文化共鸣感对文化传播的积极作用

情感共鸣有助于构建国际受众对中华传统文化的认同感。当受众在情感上与文化元素产生共鸣时,他们更容易建立起对文化的深层次认同,推动文化认同的构建。文化共鸣感能够提升中华传统文化的吸引力。观众在情感共鸣的基础上,更愿意接受和深入了解文化,进一步推动文化在国际社会中的传播。共鸣感不仅是情感上的共鸣,还涉及认知和价值观的共鸣。通过情感共鸣,国际受众更愿意参与文化交流,分享彼此的文化体验,从而促进不同文化之间的对话与互动。要深入了解中华传统文化在国际社会中的共鸣感,研究者可以采用既包括量化数据(如调查问卷、观众统计等),也包括定性数据(如深度访谈、观众反馈分析等)的综合研究方法。通过定性研究,可以深入挖掘受众在情感共鸣中的真实体验。由于文化差异,对国际受众的调查需要具备跨文化研究的视角,建立包括文化学者、心理学者、传播学者等多学科的跨文化研究团队,这有助于更全面地理解不同背景受众的情感共鸣。

社交媒体平台是获取国际受众反馈的重要途径。通过分析社交媒体上的评论、分享、点赞等数据,研究者可以更加及时、直接地获取国际受众对中华传统文化的情感共鸣。

（四）跨文化传播的障碍与解决

跨文化传播是不同文化背景的人之间的信息交流和意义共享，它是全球化时代的重要特征和需求。跨文化传播并不是一件容易的事情，它可能面临语言差异、文化差异、传播渠道过窄等多方面的障碍。这些障碍会影响跨文化传播的效果和质量，甚至会导致跨文化传播的失败和冲突。如何克服这些障碍，使文化更好传播，是跨文化传播研究的重要课题。

1. 语言障碍

语言是跨文化传播的基本工具，也是跨文化传播的基本障碍。不同的语言有不同的语音、语法、词汇、语用等特点，这些特点会导致跨文化传播中的信息失真、信息缺失、信息冲突等问题。例如，一些词语在不同的语言中可能有不同的含义和感情色彩，这可能会引起跨文化传播中的误解和歧义。解决语言障碍的方法主要有学习和使用外语、使用翻译和解释服务、使用通用语言和符号等。

2. 文化障碍

文化是跨文化传播的基本背景，也是跨文化传播的基本障碍。不同的文化有不同的价值观、信仰、习俗、规范等特点，这些特点会导致跨文化传播中的文化冲突、文化偏见、文化霸权等问题。例如，一些行为在不同的文化中可能有不同的礼节和规范，这可能会引起跨文化传播中的文化冒犯和不尊重。解决文化障碍的方法主要有了解和尊重不同的文化、培养和提高跨文化意识和能力、建立和维护跨文化关系等。

3. 传播渠道障碍

传播渠道是跨文化传播的基本媒介，也是跨文化传播的基本障碍。不同的传播渠道有不同的特点、优势、劣势、限制等，这些特点会导致跨文化传播中的信息过滤、信息失真、信息噪音等问题。例如，一些传播渠道在不同的文化中可能有不同的可信度和影响力，这可能会引起跨文化传播中的信任和影响的差异。解决传播渠道障碍的方法主要有选择和使用合适的传播渠道、利用和优化传播渠道的功能、监督和评估传播渠道的效果等。跨文化传播的共鸣是指跨文化传播的双方或多方在信息和意义上的一致和共通，它是跨文化传播的目标和结果。实现跨文化传播的共鸣，需要跨文化传播的双方或多方在以下几个方面做出努力：

（1）信息方面

跨文化传播的双方或多方需要在信息的选择、编码、解码、反馈等方面做出合理和有效的安排，使信息能够准确、完整、及时地传递和接收，避免信息的失真、缺失、冲突等问题。

（2）意义方面

跨文化传播的双方或多方需要在意义的理解、解释、协商、共建等方面进行积极和主动的参与，使意义能够深入、全面、相互理解和共享，避免意义的误解、歧义、冲突等问题。

（3）情感方面

跨文化传播的双方或多方需要在情感的表达、感受、调节、协调等方面做出适度和恰当的处理，使情感能够真诚、和谐、相互表达和感受，避免情感的冷漠、冲突、伤害等问题。

（五）文化元素的调适与创新

文化元素是构成文化的各种元素，如语言、符号、价值、信仰、习俗等。在跨文化传播中，文化元素的调适与创新是指根据不同文化受众的需求和期待，对文化元素进行适当的修改、变化、创造，以增强文化传播的效果和影响。"交流与共鸣"理论鼓励文化元素的调适与创新，认为这是实现跨文化传播共鸣的重要途径和手段。中华传统文化是中华民族的瑰宝，也是世界文化的财富。在国际化的过程中，中华传统文化面临着传播的机遇和挑战，需要进行文化元素的调适与创新，以适应不同文化受众的需求和期待，展示中华传统文化的魅力和价值。研究者可以关注中华传统文化在国际化过程中是否进行了文化元素的调整，并探讨这些调整如何影响文化传播的效果。

1.语言方面

语言是文化的载体和表达，也是文化传播的工具和障碍。中华传统文化的语言元素主要是汉语，它有着悠久的历史和丰富的内涵，但也有着复杂的结构和学习困难等特点。在国际化的过程中，中华传统文化的语言元素需要进行调适与创新，以便于不同文化受众的理解和接受。例如，可以通过使用外语或通用语言来翻译和解释中华传统文化的语言元素，使之能够跨越语言的障碍，达到信息和意义的传递；也可以通过使用符号或图像来表现和展示中华传统文化的语言元素，使之能够跨越语言的限制，达到情感和美感的传递。

2.符号方面

符号是文化的象征和隐喻，也是文化传播的媒介和资源。中华传统文化的符号元素主要是汉字、图案、色彩、音乐等，它们有着深刻的含义和美感，但也有着多样的解读和表达。在国际化的过程中，中华传统文化的符号元素需要进行调适与创新，以便于不同文化受众的认知和欣赏。例如，可以通过使用注释或说明来阐释中华传统文化的符号元素，使之能够跨越文化的差异，达到知识和理解的传递；也可以通过使用创意或变化来创造和表现中华传统文化的符号元素，使之能够跨越文化的固化，达到创新和变革的传递。

3.价值方面

价值是文化的核心和灵魂，也是文化传播的目标和结果。中华传统文化的价值元素主要是仁、义、礼、智、信等，它们有着崇高的理想和追求，但也有着相对的局限和缺陷。在国际化的过程中，中华传统文化的价值元素需要进行调适与创新，以便不同文化受众的认同和共享。例如，使用比较或对话来展示和交流中华传统文化的价值元素，能够跨越价值的冲突，实现尊重和包容的传递；也可以通过使用批判或反思来检验和改进中华传统文化的价值元素，使之能够跨越价值的局限，达到进步和发展的传递。

第三章 中华传统文化国际化发展的现状

第一节 中华传统文化在国际上的认知和影响

一、中华传统文化在国际上的认知

中华传统文化在国际上一直受到广泛关注。中国拥有悠久的历史和丰富的文化传统，这些元素在国际舞台上逐渐受到人们的关注。中华传统文化在国际上的认知不断增加，使国际人民更深入地了解到中国的历史、价值观和文化传统。这种认知有助于增进不同文化之间的理解，促进跨文化交流与合作。

（一）语言与文字

汉字是中文的书写系统，被认为是一种独特而艺术性强的文字。学习汉语的人数在全球范围内持续增长，这表明世界人民对中国语言和文字的兴趣不断增加。汉字，作为中文的书写系统，承载着丰富的历史和文化内涵，被誉为一种独特且艺术性强的文字。随着全球化的推进和中国文化逐渐走出国门，学习汉语的人数在全球范围内持续增长。这不仅是一种语言技能的学习，更是对中国语言和文字深刻理解的追求。在这个过程中，汉字和汉语的独特之处逐渐得到认可，其艺术性在全球范围内引发了广泛的兴趣。

汉字的形体艺术是其独特之处之一，每个汉字都是一个独特的图形符号，蕴含着深刻的文化内涵。以"爱"字为例，其形态上表现出两个人相亲相爱的形象，形象生动地反映了爱的本质。这样的形体设计使得汉字不仅仅是一种书写工具，更是一种传达文化意义的艺术表达。汉字的结构复杂而有层次感，这为书法艺术提供了广阔的空间。在书法中，通过横、竖、撇、捺的排列组合，汉字的书写展现出独特的艺术美感。一位擅长书法的艺术家可以通过不同的笔画粗细、书写速度和用墨技巧，呈现出令人叹为观止的汉字书法作品。例如，王羲之的《兰亭序》被誉为中国书法的巅峰之作，其通过对汉字的精妙运用，展现了深邃的文学和艺术内涵。

汉字的音韵结构也为诗歌创作提供了独特的表达方式。汉字的发音与意义之间的关系常常是深奥而富有韵味的，这为诗人提供了更加灵活的表达方式。例如，唐代诗人王之涣的《登鹳雀楼》中"白日依山尽，黄河入海流"这一经典句子，通过巧妙运用汉字的音韵，使得诗歌在语感上更加丰富、悠扬。

在全球范围内，学习汉语的人数呈现出持续增长的趋势。这不仅体现了中国经济和文化的崛起，更反映了人们对汉字、汉语深层次认知的渴望。越来越多的外国人投身到汉字学习的潮流中，通过学习汉字，他们深入了解中国的思想、文化和历史，拓宽了自己的视野。

（二）文学与哲学

当前，中国古代文学作品和哲学思想的影响力在国际文学领域逐渐崭露头角，已成为全球学者研究和关注的焦点。这一现象既反映了中国悠久文化传统的深厚底蕴，也展现了中华文明在国际文学与思想领域的独特价值。

中国古代文学作品在国际文学舞台上取得了引人注目的成就。例如，《红楼梦》作为中国文学的巅峰之作，其凭借深刻的人物刻画和对社会生活的细腻描绘，引起国际读者的广泛兴趣。这部小说被翻译成多种语言，让世界很多的人都能领略到其中蕴含的文学魅力。同样，《诗经》作为中国古代诗歌的代表之一，其抒发真情实感的诗篇也在国际文学领域产生了深远的影响。国际学者通过对这些作品的研究，更好地理解了中国古代文学的独特之处，推动了中西文学交流的进程。中国古代哲学思想在国际范围内受到众多学者的高度关注。儒家、道家、墨家等不同哲学流派的思想理念，以其独特的人文关怀和深刻的智慧，吸引了众多国际学者的研究兴趣。儒家思想强调的仁爱、礼义、忠诚等价值观，道家对于自然和生命的深刻思考，墨家对社会公平正义的追求，这些理念在国际哲学领域中产生了深远的影响。例如，《论语》被翻译成多种语言，成为许多国际学者研究的对象，而《道德经》也因其深邃的哲学思考而备受推崇。这些古代哲学经典为国际社会提供了新的思想视角，促使人们对生命、社会和宇宙等基本问题进行更深入的思考。

（三）传统艺术

中国传统艺术形式，如京剧、昆曲、书法、国画等，以其独特的文化魅力和深厚的历史底蕴，逐渐成为吸引国际观众的焦点。这些传统艺术形式承载着丰富的文化内涵，不仅是中华文明的瑰宝，也在国际舞台上展现出令人惊艳的魅力。

京剧作为中国传统戏曲的代表之一，以其独特的表演风格和深厚的历史渊源吸引了众多国际观众。京剧融合了唱、念、做、打等多种表演元素，具有高度的艺术性和表现力。近年来，越来越多的京剧演员走出国门，在国际舞台上展示精湛的演艺技巧。他们通过演出向世界传递了中国古典文学、历史故事以及传统价值观念，使京剧成为国际文化交流的桥梁。昆曲作为中国戏曲的另一重要分支，同样在国际上崭露头角。昆曲以其独特的音律、舞蹈和表演形式，展现了中国古老文化的魅力。一些昆曲团体积极参与国际艺术节、演出和文化交流活动，将中国传统音乐戏曲的精髓传递给世界各地的观众。通过与国际文化的碰撞和融合，昆曲焕发出新的生命力，成为中国文化的一张靓丽名片。

除了戏曲艺术，中国的书法也在国际上引起了广泛关注，中国书法以其独特的艺术形式和深刻的文学内涵而蜚声国际。一些书法家通过书法作品传达了深刻的思想、情感和文化底蕴，收到国际人民的喜爱。他们的作品不仅展示了中国文字的美感，也传达了中国文化的哲学思想和审美观念。通过国际书法展览、文化交流等形式，中国书法走向世界，为中华传统艺术在国际上的传播作出积极贡献。国画作为中国传统绘画的代表，同样在国际舞台上展现了独特的艺术魅力。中国国画注重用笔墨表现意境，追求意境和技法的统一。一些国画家通过展览、艺术交流等形式，向国际观众展示了中国绘画的艺术魅力。他们通过传统题材和现代元素的结合，为国画注入了新的时代内涵，使之更好地适应当今社会的审美需求。

（四）传统节日与风俗

中国的传统节日和风俗，如春节、中秋节以及茶文化、传统婚礼习俗等，以其丰富多彩的文化内涵和历史底蕴，逐渐在国际上受到认可。这些传统元素成为中国文化的独特代表，为国际社会提供了更深入了解中国传统的机会。春节作为中国最重要的传统节日之一，吸引了越来越多的关注。春节不仅是中国农历的新年，更是一个融合了丰富文化元素的庆祝活动。为此，世界各地的城市开始举办大型庆祝活动，如舞龙舞狮、花灯游行等，吸引了数以百万计的游客。同时，中国的传统文化表演、美食和传统手工艺品也在这个时候引起了国际观众的兴趣。例如，新加坡、澳大利亚、美国等国家都在春节期间举行盛大的庆祝活动，增强了中国文化在国际上的影响力。

中秋节作为中国传统的团圆日，同样在国际上受到了热烈的关注。中秋节以赏月、吃月饼、家庭团圆为主要活动，寓意人们对家庭团聚的向往。在一些国家，中秋节已经成为重要的文化交流平台。举例来说，一些国际学校和华人社区会组织中秋文化活动，让当地人更深刻地了解中国文化。此外，一些国际城市也会在中秋节期间举行大型的庆祝活动，如花灯展览、中秋音乐会等，这些活动将中国文化的传统与现代相结合，从而吸引了广泛的国际观众。

传统婚礼习俗也是中国文化的一大特色，受到了国际社会的关注。中国传统婚礼注重家族和社会的参与，有着复杂而丰富的仪式。近年来，越来越多的国际情侣选择在中国举办传统婚礼，体验古老而神秘的中华传统文化。一些国际婚礼策划师也在设计婚礼时融入了中国传统元素，使传统婚礼习俗成为国际婚礼的一种时尚潮流。这些传统节日和风俗的国际传播，不仅为中国文化的多元性和独特性提供了展示平台，也促进了中外文化之间的交流与互鉴。通过这些活动，国际社会更加深入地了解了中华传统文化的深厚内涵，也为促进中外友谊和文化交流搭建了桥梁。这种文化的互通互鉴，不仅是中国文化的传承和创新，也是构建人类命运共同体的重要体现。

（五）中医和太极拳

当下，我国的中医和太极拳逐渐获得了国际上的认可并流行了起来，这反映了人们对于综合健康和心灵平衡的不断追求。这一趋势不仅促进了中医文化的传播，也使太极拳等我国传统运动形式成为世界范围内健康养生的方式之一，受到越来越多人的关注和喜爱。中医作为一门古老而深刻的医学体系，强调整体观念和个体化的治疗方法，这一理念受到了国际社会的广泛关注。中医理论中的"阴阳平衡""气血调和"等概念，对身体的健康具有深刻的启示。越来越多的人在世界各地寻求中医的治疗和调理，想要通过针灸、中药等疗法来促进身体的自愈能力。例如，在美国、欧洲等地，中医诊所逐渐兴起，中医师的专业服务备受推崇，为当地人提供了一种综合而个性化的健康管理方式。

太极拳作为一种中国传统的运动形式，通过缓慢而流畅的动作，结合呼吸调节和意识集中，既锻炼了身体的柔韧性和力量，又有助于放松心灵，迅速在国际上崭露头角。太极拳的运动方式有益于调整人体的气血循环，能增强身体的平衡和协调性。在全球范围内，太极拳已经成为一种流行的健身运动，吸引了许多人。在美国、欧洲、亚洲等地，太极拳学校和团体逐渐兴起，不仅受到老年人的青睐，也成为年轻人追求身心平衡的选择。太极拳在心理健康领域也发挥着重要作用。其独特的冥想方式和动静结合的特点，有助于缓解压力、焦虑和不稳定的情绪。在现代社会中，越来越多的人通过太极拳来寻找一种平和宁静的生活方式。例如，在一些国际大城市，太极拳馆和教练团队纷纷涌现，吸引了各个年龄层的学员，不仅是为了锻炼身体，更是为了寻求一种心灵的平静。

中医养生和太极拳在国际上的传播，不仅仅是一种健康理念的传播，更是中华传统文化的融合。通过中医和太极拳的介绍，国际社会对于中国的传统文化和生活方式有了更为全面和深入的了解。这种跨文化的交流有助于推动全球健康理念的多元化发展，为人们提供更多选择，以适应现代生活带来的多样化压力。中医和太极拳在国际上受到认可是中华传统文化在全球传播的一个重要成就。通过这些养生方式，人们能够更好地理解和体验中国文化的独特之处，也促使全球社会对身心健康的关注更加全面和深入。这种传统文化的传播与交流，使中医和太极拳成为沟通不同文明、提高全球人类共同福祉的纽带。

二、中华传统文化在国际上的影响

中华传统文化在国际上具有深远的影响，涵盖了语言文字、哲学思想、文学艺术、传统医学等多个领域。这种影响既体现在文化传播与交流上，也在跨国合作、教育、艺术表演等多个层面发挥作用。

（一）语言文字的影响

汉字作为中文的书写系统，在国际上不仅是一种语言工具，更是一种文化符号。汉字的艺术性和独特形态在国际设计、艺术领域中也产生了影响。

在全球化的背景下，汉语的学习逐渐成为一种全球性的趋势。越来越多的人投入到汉语学习的浪潮中，这不仅是为了实现跨文化的沟通交流，更是为了深入地理解中国文化。同时，汉字作为汉语书写的基本元素，其独特的艺术性和形态，在国际设计、艺术领域中也发挥了重要的作用。当前，汉语学习在国际范围内呈现出井喷式增长的趋势，汉语作为联合国官方语言之一，其地位在国际组织和国际交流中不断提升。越来越多的国家将汉语引入学校教育体系，开设汉语课程。同时，汉语考试水平测试（HSK）在全球范围内得到广泛认可，成为测量学习者中文水平的标准。许多外国人之所以学习汉语，除了实现实际沟通需求外，更是因为他们希望通过学习汉语更好地了解和体验中国文化。

学习汉语不仅仅是学习一门语言，更是一种对中国文化的深度体验，汉语的学习过程中，学生们不仅接触到语法、词汇等基本知识，还深入了解了中国的历史、文学、哲学、艺术等多个领域。通过学习汉语，他们能够更好地理解中国的价值观念、社会习惯和文化传统，进而加深对中国文化的认同感和兴趣。汉字，作为中文书写的独特符号，具有浓厚的文化内涵和独特的艺术性。汉字的字形、结构和笔画，既反映了古代社会的发展历程，又承载了千年文化的积淀。这些独特的艺术元素使得汉字在国际设计、艺术领域中产生了深远的影响。在国际设计领域，越来越多的设计师开始借鉴汉字的艺术性，汉字的形状、结构、笔画等元素被纳入他们设计中，成为独特的设计语言。比如，一些国际品牌的标志、广告、包装设计中常常运用汉字元素，赋予产品以东方的文化特色。这种跨文化设计语言不仅体现了中国文化的独特美感，也为国际市场上的产品增添了吸引力。

在艺术领域，汉字也为艺术家提供了丰富的表现形式。一些国际艺术家通过汉字的线条和形状，创作出富有东方风情的艺术品。汉字作为一种艺术符号，被赋予了更广泛的审美和情感内涵。这种跨文化的艺术创作既展示了汉字的独特魅力，也促进了中国文化在国际艺术舞台上的传播。

在现代科技的推动下，汉字的数字化也在国际上得到了广泛应用。从中文网站、手机应用到社交媒体，汉字的使用无处不在。一些国际科技公司在产品设计中融入了汉字的元素，以迎合全球用户的需求。这种数字化的汉字应用不仅方便了全球用户的使用，同时也为传播中文和中国文化提供了便利途径。汉语学习热潮的出现不仅是因为人们想要实现实际的沟通交流，更是因为他们想要更深入地理解中国文化。汉字的艺术性和独特形态在国际设计、艺术领域中产生了深远的影响，使得中华传统文化在全球范围内得以传承和弘扬。这种文化的传播不仅为提高中国在国际社会中的地位提供了支持，也促进了不同文化之间的交流与共融。中国文化的独特之处和深厚底蕴为全球社会带来了新的思考和体验，推动了多元文化共存的进程。

（二）哲学思想的影响

中国的哲学思想，包括儒家、道家等，深厚而独特的理念在国际上引起了广泛的关注。这些思想体系以其深刻的人文关怀、道德观念以及对生命和宇宙的思考而对国际哲学领域产生了深远的影响。在西方哲学研究领域，孔子、老子等中国思想家的著作被翻译成各种语言并广泛传播，成为了对人类思维和哲学理解的重要参考。《论语》是儒家经典之一，其强调仁爱、礼义、忠诚等价值观，对西方哲学思想产生了深远的影响。例如，孔子思想在17至18世纪的法国引起了强烈的反响，伏尔泰赞扬孔子"只诉诸道德，不宣传神怪"；法国1793年宪法所附《人权和公宣言》及《人和公民的权利和义务宣言》都写入了孔子的名言"己所不欲，勿施于人"，分别定义为自由的道德界限和公民义务的原则。

道家思想强调自然、无为而治的理念，在国际上也产生了广泛的共鸣。老子的《道德经》以其深奥的道家哲学原理而闻名。其中"无为而治"的思想对于西方哲学中的自然主义、虚无主义等产生了深远的影响。

这些中华哲学思想的影响不仅体现在学术领域，也延伸至文学、艺术和日常生活中。在文学方面，中国古代诗歌的意境和儒家、道家的哲学思考对西方现代主义文学产生了深刻的影响。在艺术方面，中国的传统绘画、书法和建筑等艺术形式，也在国际艺术圈中展现了独特的审美价值，受到了艺术家和评论家的赞誉。

在全球化的时代，中华哲学思想的国际传播加速推进。孔子学院的设立、中文课程的普及以及国际学术研究的交流，使得越来越多的国际人士能够深入了解和体验中国文化的深邃内涵。这种跨文化的互动促进了不同哲学传统之间的对话，有助于全球哲学思考更加丰富和多元。中国哲学的独特价值在这一进程中得到更加全球性的认可，为人类共同的精神追求提供了丰富而深刻的资源。

（三）文学艺术的影响

2015年，法国诺贝尔文学奖得主勒·克莱齐奥（Le Clézio）在北大博雅人文论坛演讲时说道："中国文学自发端以来，直至今日，已经树起了一座宏伟壮丽的丰碑，成为人类文明的瑰宝之一。"他指出："中国文学的影响已经遍及全人类文明，成就是如此显著可见。"他谈到，从《论语》《孙子兵法》，到唐诗宋词，再到《红楼梦》和《西游记》，这些作品让世界逐渐认识了中国的文化，也启发了许多西方的文人。他最喜欢的中国作家是老舍，"在我们这个时代读者的眼中，中国将脱离它的陌生性，它的怪异性，它那种鲜明的异域情调"。他认为，新时代的中国文学正是如此跨越了国界，成为全球流动、扩散的文化洋流中的重要一支。

中国文学对于亚洲周边国家如越南、日本、韩国的影响自不待言，它们在各自独立为民族国家之前原先就属于中文文化圈。即以西方而言，张汉行曾经梳理过，在贺拉斯的诗中，中国是"从树上剪下金羊毛"的神秘国度；这种神秘在时间中绵延，直到启蒙运动时代的"中国热"，形成18世纪的"浪漫汉学"。对中国的良好感情波及到伏尔泰、歌德、莱布尼茨，在柯尔律治、克洛岱尔、卡夫卡的笔下化为题材，在泰戈尔、罗素、圣琼佩斯、亨利·米硕直至聂鲁达的身上则化为访问中国的行动。但我们应该明白，他乡就像一面镜子，折射出自我的认知。前现代时期，中国的人文典籍传递给西方的是可汗的大陆、孔夫子的理想中华形象，这是西方对于富庶强大东方的向往。随着时代的推进，在工业革命后的资本主义殖民文化表述中，中国逐渐成为进化论中的"停滞的帝国"，此时中国文学在选择性传播中，成为西方文学中活跃文本的调味料和带有异域风情意味的元素。在那些对中国充满兴趣甚至直接以中国为题材的现代作家那里，如卡夫卡的《万里长城建造时》或者博尔赫斯《长城与书》《漆手杖》那里，中国是个神秘而具有象征意味的所在，《道德经》《红楼梦》《聊斋志异》这种作品的译本提供给他们的是想象异域的门径。

这是一个渐进的趋势。从事东西文学交流研究的学者赵毅衡曾经将现代中西文化交流比喻为一个"单行道"，即在很大程度上，中西文学的交流是不平等的，我们接受了西方现代文学观念，一直走在"以夷为师""以俄为师"以及"走向世界"的道路上，基本上是西方单向度向中国输入各种文学流派、技巧、观念。随着全球性经贸往来、社会活动、资讯传播的增多与交通、媒介的发展，中国文学之于世界的影响也在发生深刻的变革，尤其是当中国已经崛起为世界第二大经济体，文化上的影响力权重也在提升。当然，东方主义式想象的情形在今天依然存在，并且扩及于大众文化之中，比如好莱坞电影《灰姑娘》中还出现了中国元素——子虚乌有的福建来的美美公主，以及充满中国元素的《花木兰》《功夫熊猫》等。但无论效果如何，都说明中国文化与文学已经不容忽视进入世界视野之中。

（四）传统医学的影响

中医作为中国传统医学的代表，近年来在国际医学界逐渐得到认可，其独特的治疗理念和方法在一些慢性病、疼痛症状等方面显示出一定的疗效。越来越多的国际患者寻求中医的帮助，这不仅为中医文化的传播提供了契机，也展示了中医的独特作用。针灸作为中医的重要治疗手段，在国际上备受瞩目。针灸通过在特定穴位刺激来调整身体的气血流通，从而达到治疗疾病、缓解症状的目的。在欧美等地，越来越多的医疗机构引入了针灸疗法，作为辅助治疗手段用于疼痛管理、神经系统疾病等领域。例如，一些国际著名的癌症治疗中心，将针灸作为缓解患者副作用、提高其生活质量的一种手段，取得了显著的效果。

中药在国际上也逐渐受到认可。中药以其天然、温和的特点，对一些慢性病的治疗显示出独特的优势。在一些西方国家，中药逐渐被引入到本国的医学体系中，用于调节免疫系统、改善肝脏功能、调整内分泌等方面。例如，中药在一些慢性病如糖尿病、高血压等的辅助治疗中，被认为能够有效地提高患者的生活质量。

中医在疼痛管理领域也取得了显著的成果。对于慢性疼痛患者，中医注重整体调理，通过针灸、推拿、中药等综合手段，达到缓解疼痛、改善患者生活质量的效果。在国际上，一些疼痛研究中心和康复机构逐渐引入中医疗法，以期为患者提供更为全面和个性化的治疗方案。中医在一些慢性病的预防和康复中也表现出独特的优势。通过中医的整体观念和个性化治疗，患者在康复过程中能够更好地调整身心状态，提高免疫力。在国际上，一些中医养生机构和康复中心逐渐崭露头角，成为国际人民追求全面健康的选择之一。

中医在国际医学界发挥着独特的作用，其疗效和调理的理念受到了越来越多国际患者和医学专业人士的认可。中医在国际上的传播既促进了中医文化的传承与发展，也为全球患者提供了更为多元化和个性化的医疗选择。在全球化的时代，中医正成为世界医学领域中的一支重要力量，为人类的健康事业作出积极的贡献。

（五）太极拳与气功的影响

太极拳和气功，作为中国传统的健身养生方式，正逐渐在国际上崭露头角。这些古老的运动形式不仅强调身体的柔韧和力量，还注重调整呼吸和心理平衡。太极拳的独特魅力和养生效益已经超越了国界，成为世界各地健康意识的重要组成部分，吸引了越来越多的国际学员。

太极拳作为中国传统武术的代表之一，其缓慢而流畅的动作、舒展的身体姿势以及注重呼吸调控的特点，使其成为一种独特的身心锻炼方式。在国际上，太极拳的练习已经成为健身潮流的一部分。许多国际健身中心和学校纳入了太极拳的课程，吸引了不同年龄层的学员。例如，在美国、欧洲等地，太极拳的教学机构逐渐增多，许多人通过学习太极拳来改善身体柔韧度、提高体力，并追求内心的平静和调和。太极拳的国际传播也离不开一些优秀的太极拳大师的推动。这些大师通过国际巡回教学、太极拳比赛等方式，将太极拳的精髓传播到世界各地。例如，陈式太极拳传人陈小星在国际上享有盛誉，他在不同国家举办的太极拳培训班吸引了众多学员。这种由大师亲自传承的方式，使太极拳在国际上得到更为广泛的认可和推广。

与太极拳相伴而生的气功，也在国际上逐渐受到重视。气功强调通过调整呼吸、运动和冥想来调和身体内外的能量。在许多国家，气功被视为一种综合性的健康养生方式，吸引了大量的学员。例如，中国传统的气功形式如太极气功、易筋经等在国际上广泛传承，成为世界各地养生爱好者的不二选择。国际上越来越多的研究表明，太极拳和气功对健康的益处不仅仅体现在身体层面，还有助于心理健康。太极拳的练习要求身体与思维的高度协调，这种练习过程可以帮助人们放松身心，减轻压力，提高专注力。在一些国际健康研究中，太极拳和气功被推崇为一种有效的缓解焦虑、改善情绪状态的运动方式。这种运动方式吸引了越来越多的国际学员，特别是那些在现代社会中面临高压工作和生活的人群。

太极拳和气功的传播也推动了中华传统文化在国际上的认知。这两者融合了中国古老的哲学思想、中医理论等传统文化元素，通过身体的动静结合、呼吸调控等方式，传递着中国古代智慧对于身心健康的理念。在国际上，这被视为一种全新的健康理念，引起了人们对中华传统文化的兴趣和尊重。太极拳和气功作为中国传统的健身养生方式，在国际上取得了显著的成就。其独特的动作风格、注重呼吸调控的特点，以及对身心健康的全面关照，使得太极拳和气功成为现代人们追求健康、平衡工作与生活的理想选择。这不仅体现了中华传统文化的魅力，也促进了不同文化之间的交流与融合。中国文化的传统智慧在太极拳和气功的传播中焕发出新的生机，为构建人类命运共同体注入了健康与和谐的力量

（六）传统节日文化的影响

中国的传统节日，如春节、中秋节等，在国际上受到广泛的关注，它们为中国文化在全球传播提供了独特的平台。在一些国际城市，人们通过举办庙会、灯笼节等活动来庆祝中国的传统节日，这种庆祝活动不仅促进了文化的跨界交流，也成为增进国际友谊、丰富城市文化生活的一种重要方式。春节作为中国最重要的传统节日，正逐渐成为世界性的庆典。在一些国际城市，春节庆祝活动已经成为当地文化日历中不可或缺的一部分。例如，美国的纽约、英国的伦敦、澳大利亚的悉尼等地都举办过盛大的春节庆祝活动。在这些城市，人们可以欣赏到传统的舞龙舞狮表演、美食展览、文艺演出等丰富多彩的活动，使当地居民和游客能够亲身感受到浓厚的中国年味。

中秋节也在国际上得到了热烈的庆祝。中秋节的代表性活动之一是赏月,这一传统在一些国际城市得到了传承和发扬。例如,在美国的旧金山,每年都会举办大型的中秋灯笼节,吸引了大量市民和游客前来赏月、品茗,感受浓厚的中秋文化氛围。在英国的伦敦,中秋节的庆祝活动也包括传统的舞龙舞狮、月饼品尝等,为当地华人社区和其他居民提供了一个共同欢庆的场所。在这些传统节日的庆祝过程中,不仅展示了中华传统文化的魅力,也促进了文化的跨界交流。例如,一些国际城市在举办庙会时,会邀请中国传统手工艺人进行现场展示,向当地居民介绍中国的传统工艺和技艺。这种文化展示不仅激发了人们对中华传统工艺的兴趣,也为中外文化之间的交流提供了一个互动平台。

一些国际学校也开始将中国传统节日纳入校园文化活动中。通过举办春节晚会、中秋联欢会等活动,学生们可以亲身参与传统文化的传承与发展。这种教育活动有助于培养国际学生对中国文化的理解,促使他们更好地融入跨文化环境。

在国际城市中举办中国传统节日的庆祝活动,既是对中国文化的尊重,也是对多元文化社会的贡献。这些庆祝活动不仅加深了国际社会对中华传统文化的认知,也促进了文化的融合与互鉴,为构建一个更加包容、多元的全球文化格局作出了积极的贡献。

(七)教育领域的影响

越来越多的国际学校和大学设置中文等相关专业,吸引着世界各地的学生前来深入学习中国文化。同时,中国政府也积极推动孔子学院在世界各地的设立,促进中文教育的国际化。这一系列的举措促进了中国文化的传播和理解,推动了中文教育的全球化。

在美国、欧洲、亚洲等地,不少大学开设了中文专业,为学生提供系统性的中文学习课程。这些课程包括语言、文学、历史、哲学等多个方面,学生能够全面理解和体验中国文化的独特魅力。例如,美国的一些著名大学如哈佛大学、斯坦福大学等设有中文专业,吸引了大批国际学生前来学习。一些国际学校还推出了丰富多彩的中文文化课程,涵盖茶文化、传统绘画、书法、民间艺术等。通过这些课程,国际学生不仅能够学习中文,还能够深入了解中国文化的方方面面。这种多元化的教育方式有助于提高学生对中华传统文化的全面认知,提高他们的跨文化沟通能力。

中国文学作为中国文化的瑰宝，也在国际学术界日益受到重视。越来越多的国际学者投身于对中国文学的研究，推动了中国文学在国际学术领域的传播。一些大学设有中国文学专业，为国际学生提供深度研究的机会。中国古代文学如《红楼梦》《西游记》等作品以及现代文学作品都成为国际文学研究的热点。中国哲学作为中国文化的重要组成部分，也在国际上受到了广泛关注。中国传统哲学思想如儒家思想、道家思想等，对全球哲学发展产生了深远影响。在一些国际大学中，中国哲学专业为学生提供了系统深入地了解中国哲学思想的机会

中国政府通过推动孔子学院的设立，积极促进中文教育在世界各地的普及。孔子学院作为中国文化推广的窗口，在全球范围内设有数百所分支机构。这些学院提供了中文教育、文化交流、汉语考试等多方面的服务，为国际学生提供了全方位的学习环境。例如，在非洲、拉丁美洲等地，孔子学院的设立为当地学生提供了学习中文和了解中国文化的平台，促进了文化交流。通过孔子学院，国际学生不仅可以学习中文语言，还可以参与丰富多彩的文化活动，如汉服体验、中国传统艺术展览等。这种综合性的文化体验使得中文教育更具有吸引力，不仅提高了学生对中文的兴趣，也深化了他们对中国文化的认知。

中文专业在国际学校和大学中的开设，以及中国政府推动孔子学院在世界各地的设立，为国际学生提供了更多深入学习中国文化的机会，是中国文化在国际舞台上更深层次传承和交流的桥梁。这不仅促进了中文教育的国际化，也为中国文化在全球的传播和交流提供了有力支持。这一系列的努力不仅有助于培养更多对中国文化感兴趣的国际人才，也丰富了世界各国的文化多样性，为构建人类命运共同体注入了积极的文化动力。

第二节 中华传统文化的国际传播途径和策略

一、中华传统文化的国际传播途径

中华五千年文明是"中国特色"的文化根基，中华优秀传统文化是中华文明的核心构成。自2017年《关于实施中华优秀传统文化传承发展工程的意见》发布以来，中华优秀传统文化的国际传播力度不断提升。2022年，党的二十大报告对"增强中华文明传播力影响力"作出战略部署。2023年6月2日，习近平总书记在文化传承发展座谈会上的重要讲话中指出："'第二个结合'让马克思主义成为中国的，中华优秀传统文化成为现代的，让经由'结合'而形成的新文化成为中国式现代化的文化形态。"当前，中华优秀传统文化国际传播工作需要思考和回答的是：如何深入贯彻"第二个结合"，融通中外、贯通古今，推动中华优秀传统文化实现创造性转化、创新性发展。

（一）叙事转换与重回线下：中华优秀传统文化国际传播环境转变

2023年以来，"复苏"成为全球共同的主题词，社会生活和国际交往开始向疫情前状态回归，我国传统文化国际传播的整体环境随之变化。

一是国际传播内容结构、内容需求发生显著变化。自2019年末以来在国际传播内容中占极大比重的新冠疫情叙事迅速减少。但是，对以地缘冲突、经济下行为代表的全球性危机仍未形成有效解决方案。这使得与之相关的事件进展及由此引发的舆论争议、情绪对立和真假难辨的碎片化信息充斥国际舆论场。在此背景下，全球公众对促进社会沟通、有助心理疗愈的文化、社交、娱乐内容需求更加迫切，世界各国也对通过人文交流活动促进民心相通、加强国际互信、增进经济合作给予更多期待。这些因素为中华优秀传统文化的国际传播创造了时间窗口。

二是线下活动全面重启为传统文化的国际传播提供了丰富的"具身性"场景。认知科学研究强调，认知主体是通过躯体、感觉器官、视觉系统形成对周围环境的直接体验，认知形成的过程是以认知主体的身体经历为基础的过程，认知行为是涉身的。在数字化时代，"身体在场"依然有着不可替代的重要意义。后疫情时代，人们对亲身体验、面对面的交流热情集中释放，体育赛事、跨境旅游、展览、演艺等线下国际文化交流活动的全面恢复为传统文化的国际传播提供了丰富的实践场景，赛场、剧场、广场等实体空间成为传统文化国际传播的创新空间。

与此同时，随着我国中华文明探源工程的持续深入、中国考古博物馆的建成开放、非遗文化的接续传承，中华优秀传统文化的传播内容更加殷实、丰富；人工智能技术在数据分析与预测、图像和视频处理与人机交互方面的技术可供性不断增强，在提高传统文化相关内容生产、分发效率的同时，也持续改变平台、内容、人等多元主体之间的互动关系，为中华优秀传统文化的国际传播能力提升带来了更多可能。

（二）呈现与诠释：中华优秀传统文化国际传播探索

习近平总书记在文化传承发展座谈会上用"连续性""创新性""统一性""包容性""和平性"对中华文明的突出特征作出总结提炼和系统阐述，为中华优秀传统文化的国际传播指明了方向。对中华文明特征的呈现与诠释也成为我国传统文化国际传播实践的核心逻辑。

1. 以考古成果的国际传播解读中华文明连续性

在文化传承发展座谈会上，习近平总书记还指出："如果不从源远流长的历史连续性来认识中国，就不可能理解古代中国，也不可能理解现代中国，更不可能理解未来中国。"中华文明探源工程、"考古中国"项目取得的系列重要成果，为讲述中华文明起源和阐释中华文明连续性不断提供着新支撑、新素材。考古成果传播成为传统文化国际传播的新热点。例如，2023年6月10日，《中国日报》推出整版报道《穿越时间迷雾》，从红山文化的考古新发现出发，以图文结合的方式向海外读者呈现了五千年前红山先民祭祀制度、社会分工、器物文化。

我国主流媒体、考古机构、博物馆、艺术院团以器物、遗址等考古成果和考古进展为支撑，通过新闻报道、文物展览、数字交互、艺术表演等方式开展多维度的国际传播，拉近海外公众与中华文化、当代青年与古老文明之间的距离，实现以"历史的纵深感"跨越"空间的距离感"，逐步探索出了阐释中华文明连续性的国际传播叙事方式。

以三星堆博物馆新馆试运行为契机，围绕三星堆考古成果展开的一系列国际传播实践，就是具有代表性的考古成果矩阵化、系统化传播创新探索。2023年7月26日，习近平总书记来到四川广汉三星堆博物馆新馆考察。有关习近平总书记此行的报道随即引发海内外公众对新馆的广泛关注，外交部发言人华春莹发布的相关推文浏览量超过23万人次。随后，新华社发布的英文报道《古代遗址照亮中华文明奇迹》在新华网、中国网、《人民日报》的英文网站同步发出。《人民日报》、新华社、中央广播电视总台、《环球时报》在官网和推特持续发布新馆启幕的相关信息，并被美国有线电视新闻网、《联合早报》《印度时报》等海外媒体和海外自媒体博主关注、转发。中央广播电视总台制作的纪录片《古蜀记·三星夺目》在Youtube平台累计播放量超过17万人次。2023年9月，在香港故宫文化博物馆举办的"凝视三星堆"特展经由《南华早报》《大公报》连续报道，吸引了马来西亚《星报》等多家东南亚媒体和文博自媒体的关注。由三星堆博物馆推动的交互性数字游戏、沉浸式数字考古、数字文化创意大赛等面向"Z世代"打造的互动活动持续受到海内外青年的关注。中、英、意、韩共同创作的《三星堆》原创音乐剧以艺术为载体讲述三星堆遗址的发掘历程、研究成果和文物背后的历史故事。

2. 以传统技艺的国际传播凸显中华文明创新性与统一性

中华文明的创新性源自中华民族的创新精神，体现在古代物质文明成就、古代制度文明成就和古代精神文明成就之中。传统技艺是中华民族在适应环境、寻求发展过程中经验、智慧和审美的凝结，是中华传统文化创新性的集中体现。在社交媒体平台上，展现中国传统技艺制作过程和精益求精工匠精神的视频对海外公众具有突出的吸引力，均呈现出高好评度、高转发率的特征。例如，以传播中国传统木结构营造技艺为主要内容的博主"阿木爷爷"在海外社交媒体平台的热度不减，单条视频在YouTube平台的最高播放量已接近6000万人次，累计播放量近3亿人次。根据抖音"海外版"平台外显数据初步统计，展示竹编技艺的视频播放量突破1亿人次，展示紫砂壶制作过程的视频播放量突破3亿人次。其中，博主@zishacraftsman（紫砂手艺匠人）粉丝量突破200万，单条视频平均点赞量过万，被不少网友评价为"极度解压"。

2023年，中国刺绣通过国际时装周、电视节、国际展会、社交媒体在海外广泛传播，在展现中华传统文化创新性的同时，向世界公众生动诠释了中华文明的统一性。贵州苗绣、云南楚雄彝绣亮相米兰春夏时装周，在展现刺绣技艺的同时，还向世界讲述了非遗活化传承利用和助推农民脱贫的中国故事。纪录片《高山盛装》在戛纳电视节讲述了苗族双针绕线绣、苗族剑河锡绣、水族马尾绣等七位少数民族手艺匠人的人生际遇和技艺传承的故事。非遗传承人卡德尔·热合曼在2023中国国际旅游交易会展示融合吸收新疆多民族文化元素的哈密刺绣。在Youtube、抖音海外版平台，讲解苏绣、双面绣、融合绣等中国刺绣技术基础针法、配色和展现刺绣作品制作过程的视频数量、浏览量均呈增长态势。随着越来越多民族刺绣技艺和作品被世界看到，"中国刺绣"也成为向世界展示中华文明"多元一体"特征的窗口。

3.以交流互鉴展现中华文明的包容性与和平性

随着线下活动全面重启，国际性活动为传统文化国际传播和文明交流互鉴故事的续写创造平台。2023年，我国连续举办了中国—中亚峰会、第三届"一带一路"国际合作高峰论坛等高规格国际活动，传统文化元素和非遗项目体验活动的创新融入为会议增加了传播亮点。中国—中亚峰会欢迎仪式中的佾舞、揖礼、汉服多次出现在法新社、阿通社的报道中并被多家海外媒体转载。第三届"一带一路"国际合作高峰论坛期间，习近平主席夫人彭丽媛邀请外方领导人夫人参观中国工艺美术馆，智利总统博里奇现场体验弹古琴，塞尔维亚总统武契奇陪同夫人体验非遗项目等温馨、和谐的场景都成为新时代中国传统文化与世界交流互动的新故事。

国际体育赛事则体现了体育精神与中华文明包容性、和平性特征。成都大运会开幕式上，曾经流传于古丝绸之路上的蜀锦，在数字技术的助力下，为各国大学生运动员铺就锦绣之路，再次见证中华文明与世界文明交流互鉴。杭州亚运会开幕式上宋韵与芭蕾共舞，音乐剧与越剧同歌。中、日、韩、蒙古和越南演奏家以五国的筝合奏亚运主题筝曲《心心相融》实现了音乐文化的交融创新。成都大运会和杭州亚运会上，融入国风舞蹈、戏曲元素的"啦啦队"表演则切中了年轻群体的审美偏好，在赛场上引发热烈反响的同时，带动参会年轻人在抖音海外版等平台的传播和转发。

主流媒体在中华传统文化与世界文化"共叙"方面的创新探索也得到了海外媒体的积极回应。中国国际电视台与欧洲新闻台联合制作了系列专题节目《中欧非遗》，聚焦中欧优秀非物质文化遗产。该系列以英、法、德、意、葡、西、俄等多种语言在欧洲新闻台官网播出后,累计观看量超过 3 亿人次。新华社推出的系列微纪录片《美美与共——"一带一路"上的文明对话》中,中国琵琶和中东地区传统弦乐器乌德琴的故事被埃及最大英文媒体《每日新闻报》转载,中国青花瓷和土耳其伊兹尼克瓷的故事被土耳其电视媒体 NTV、新闻网、德米罗兰通讯社等近 40 家媒体采用。

二、中华传统文化的国际传播策略

中华传统文化的国际传播是一个需要巧妙策略的复杂任务,涉及语言、文化、历史等多个层面。通过以下综合性的国际传播策略,中华传统文化可以更全面、更深入地走向世界,为中外文化交流与融合搭建更加坚实的桥梁,实现传统文化在当今世界的持续传承和创新发展。

(一)语言教育推广

1.中文教育体系

随着中国在国际事务中的地位日益增强,中文教育的推广变得至关重要。为促进中华传统文化的国际传播,需要加强中文教育体系的建设,制定全球通用的中文学习标准,以提高国际学生对中文的学习兴趣。这一目标可以通过以下几个方面的努力来实现:

第一,建设全面的中文学习体系,涵盖从初级到高级的各个层次。这需要制定清晰的学习目标和教学大纲,确保学生在学习的过程中能够逐步提升语言水平。例如,通过将汉语划分为基础汉语、中级汉语、高级汉语等阶段,为学生提供系统的语言课程和相关资源。

第二,引入创新的教学方法和教材,以激发学生学习的兴趣。例如,使用多媒体、互动式教学等现代技术手段,制作富有创意和趣味性的教材,使中文学习更富有吸引力。鼓励教师采用灵活多样的授课方式,如小组讨论、实践活动等,以提高学生的学习效果。

第三,建立国际的中文教育合作机制,促进全球中文学习资源的共享。通过与其他国家的语言学习机构建立合作关系，共同研发教学资源、开展师资培训等，提高中文学习的全球化水平。

2.推动中文考试

（1）汉语水平考试（HSK）的推广与应用

汉语水平考试（HSK）作为国际汉语水平认证的标准，具有巨大的推广和应用价值。加强对HSK的宣传与推广，可以有效提高国际学生学习汉语的积极性，并在全球范围内建立起对汉语水平的普遍认可。要在全球范围内加大对HSK的宣传力度。这包括通过各种媒体渠道，如电视、广播、互联网等，向学生和家长介绍HSK的优势和重要性。通过定期发布HSK考试的相关信息、成功案例等，引起国际的广泛关注，激发学习兴趣。同时，可以在国际学校设立HSK宣传站点，提供考试资讯、辅导材料，以便更多学生了解和参与。

在社交平台上，可以通过建立HSK的官方账号，发布考试动态、学习经验分享、考试技巧等内容，吸引更多关注和参与。此外，组织一系列的宣传活动，如HSK知识竞赛、中文演讲比赛等，为学生提供展示和交流的机会，从而形成更加积极的学习氛围。积极开展宣传活动也包括在国际学术会议、语言学习研讨会等场合，向专业人士介绍HSK的国际影响力和认证标准，引导更多教育机构和语言培训机构将HSK纳入其课程设置。

（2）完善HSK的考试体系

要不断完善HSK的考试体系，使其更贴近实际应用，更好地反映学生的语言水平。这包括不断更新试题，引入更多实际应用场景的考察，以确保考试内容与实际语境相契合。通过与不同领域的专业人士合作，制定涵盖各个行业和领域的考试内容，为学生提供更加全面和实用的语言技能。在试卷的设置上，逐渐增加对学生口语能力的考察，引入真实对话情景，以更全面地评估学生的中文交流能力。此外，注重阅读和写作技能的考查，使考试更具综合性和实用性。

（3）建立国际认证机制

为了进一步推广HSK的国际认可度，需要建立HSK成绩在国际范围内的认证机制。这可以通过与各国的教育机构、企事业单位建立合作关系，推动各国认可HSK成绩作为招聘、录取等方面的参考标准。这一认证机制的建立不仅使学生能够更好地运用中文于实际工作和学习中,也增强了 HSK 的国际认可度。

建立认证机制还可以通过签署国际合作协议,推动各国认可 HSK 成绩,促进汉语作为第二语言的普及。此外,可以通过联合国教科文组织等国际组织的支持,推动 HSK 成为国际语言认证的权威标准,为全球范围内的中文学习提供更加统一和广泛的认证体系。通过加强对 HSK 的宣传与推广、完善考试体系、建立国际认证机制等手段,可以更好地推动中文教育的全球推广,为全球学习中文的人们提供更好的学习条件和认证体系,进一步加强中文在国际社会中的地位。

(二)文学和艺术作品输出

1.文学翻译计划

中国拥有丰富而深厚的文学传统,古典和现代文学作品都蕴含着深刻的文化内涵。为了将这些宝贵的文学遗产传播到世界各地,制订和支持中国文学作品翻译计划是至关重要的。这一计划应当从全球视野出发,精选有代表性的中国文学作品,并通过专业翻译人员,将其呈现在世界文学舞台上。

该计划需要明确目标,确定翻译的文学作品类型和数量,并制订详细的实施计划。这可以包括选取一定比例的古典文学经典,如《红楼梦》《山海经》等,以及现代文学代表作品,如鲁迅、钱钟书、贾平凹等的小说和诗歌。通过这样的翻译计划,可以向世界展示中国文学的多样性和深度。要加强与国际出版机构、翻译团队的合作,确保高质量的翻译成果。要建立专业的翻译团队,包括对中国文学深有研究的学者和具备优秀语言表达能力的翻译人才。可以与国际知名的文学出版社建立长期合作关系,通过共同努力,确保翻译的文学作品在国际市场上具有一定的知名度和可读性。

通过文学翻译计划,还可以鼓励跨文化的交流和对话。可以设立国际文学奖项,专门奖励在翻译计划中表现出色的翻译团队和翻译人员,推动更多文学作品的翻译工作。文学作品的输出,能够促进中外文学的交流,为国际读者提供更多了解中国文学的机会。

2.艺术家国际巡回演出

中国传统艺术自古以来就有着悠久的历史和独特的魅力。为了使世界观众更深入地了解中国传统艺术,鼓励中国传统艺术家进行国际巡回演出是一种有效的途径。这不仅能够展示中国传统艺术的独特魅力,也有助于促进文化交流和理解。

首先,要制订国际巡回演出的组织和计划,这可以由文化部门、艺术机构以及文化交流协会等共同发起。应组织专业的团队,包括导演、演员、音乐家等,精心设计巡回演出的节目,并确保演出质量和表现力。

其次,要积极寻找国际巡回演出的机会和平台,这包括在国际艺术节、文化交流活动中安排演出,与国际艺术机构建立合作关系,参与国际性的文化展览和交流活动。通过这些机会,中国传统艺术可以走上世界的大舞台,与其他国家的艺术家进行交流互动。为了增强巡回演出的影响力,可以结合现代科技手段,如网络直播、虚拟现实技术等,将演出内容传递到更广泛的观众群体。同时,可以通过在巡回演出的过程中,与当地文化机构、学校等建立联系,举办艺术讲座、工作坊等活动,增加观众对中国传统艺术的了解和参与感。

最后,建立国际巡回演出的长效机制。要持续推动巡回演出计划,形成良好的运作机制,确保中国传统艺术家有更多的机会在国际上展示其才华,促进文化多样性和交流。通过文学和艺术作品输出,中国可以更好地展示其独特的文化魅力,促进国际文化的多元发展,为全球构建开放、包容的文化交流平台。

(三)数字媒体平台建设

1.建设国际化平台

随着全球化的发展,互联网已经成为沟通不同文化、促进跨国交流的重要媒介。在这一背景下,建设中文学习与文化体验的数字平台显得尤为重要。通过在线视频、博客等社交媒体方式,可以将中华传统文化的精髓传播到世界各地,促进中文学习,增进国际社会对中华传统文化的了解。

(1)中文学习资源的建设

数字平台可以提供全方位的中文学习资源。这包括语法、词汇、听说读写等多个方面的教学内容。通过在线视频课程,学生可以随时随地进行学习,自主把控学习的节奏和内容。这种灵活性有助于吸引更多的学生参与中文学习。可以通过互动式学习工具,如在线语法测验、中文写作社区等,激发学生学习的主动性和兴趣。要建立中文学习的社交平台,使学生能够互相交流学习心得、分享学习资源,形成一个互助学习的社群。

(2) 传统文化体验的数字化呈现

数字平台的另一个重要功能是通过多媒体手段数字化呈现中华传统文化。通过在线视频，可以展示中国传统艺术、戏曲、传统手工艺等形式，向全球观众展示中国独特的文化魅力。这不仅有助于传承中华传统文化，也为国际社会提供了更直观的了解途径。在传统文化数字化呈现方面，可以通过虚拟现实（VR）和增强现实（AR）等技术手段，使用户能够沉浸式地体验传统文化。例如，通过VR技术，用户可以身临其境地参与传统节日庆典，欣赏古老艺术形式，这种体验更加生动且引人入胜。

(3) 博客等社交媒体的活跃

应当对数字平台中的博客等社交媒体提供支持，让更多人参与到中文学习和文化传播的过程中。通过博客，可以邀请专业学者、艺术家分享他们的见解，推动中文学习与传统文化的深度融合。同时，要鼓励学生和中文爱好者通过社交媒体分享自己的学习心得、感悟，从而形成一个全球范围内的中文学习社群。

在社交媒体平台中，通常设有评论、点赞、转发等互动机制，它们可以促进用户之间的交流和互动。这样的互动机制有助于拉近不同国家、不同文化背景的人们之间的距离，促使中文学习与文化传播成为一种全球性的社会活动。

(4) 多语言支持与本土化

为了更好地服务全球用户，数字平台应提供多语言支持，使更多的人能够轻松使用平台进行中文学习和文化体验。此外，平台还应考虑本土化策略，根据不同国家、地区的文化差异和学习需求，进行差异化的内容推送和服务定制。通过本土化，数字平台能够更好地适应不同文化环境，提高用户的参与度和满意度。这也有助于加强中文学习与文化传播在各个国家的深度融合，使中华传统文化在国际舞台上更具影响力。

综上所述，通过构建中文学习与文化传播的数字平台，可以使中文学习更为便捷、有趣，中华传统文化能够更好地走向世界。这不仅有助于推动中文的全球传播，也为促进文化多元性、跨文化理解提供了有力的支持。数字平台的建设将为全球范围内的中文学习者和文化爱好者带来更为丰富、便捷的学习体验，成为促进文化交流与共融的桥梁。

2.推动短视频传播

在当今数字化时代,短视频平台已经成为全球信息传播的主要阵地之一。通过这一平台,信息能够以更直观、生动、富有创意的方式呈现出来,迅速吸引用户的眼球。对于中国文化的国际传播,利用短视频平台无疑是一种具有巨大潜力的手段。下面将详细探讨如何充分利用短视频平台,制作有趣、生动、创意十足的短视频,从而更轻松地向全球用户传递中国文化的独特魅力。

短视频平台的兴起为中国文化传播提供了全新的渠道。传统的文化传播方式往往受到时间和空间的限制,而短视频平台则为信息的迅速传递提供了便利。通过在短短几分钟内,展现中华传统文化的精华,用户能够在碎片化的时间里了解到更多有趣的文化内容。制作有趣的短视频是吸引用户的有效途径。短视频平台的用户大多数是追求轻松、愉快心情的观众,而有趣的内容往往更容易引起共鸣。在推动中国文化传播的过程中,可以通过融入搞笑的元素、幽默的语言,以及有趣的场景设置等方式,让短视频更加富有娱乐性,让用户在轻松的氛围中了解和接受中华传统文化。

生动的表达方式是决定短视频传播是否有效的关键。中华传统文化蕴含着丰富而深刻的内涵,如何在短时间内将他们清晰地表达出来,让用户理解并产生兴趣是一项挑战。可以采用形象生动的动画、漫画元素,通过直观的场景和角色,生动地呈现中华传统文化的精髓。富有创意的呈现方式能够使短视频更具吸引力,通过这种形式,用户能够轻松地接受和记忆中华传统文化的要点。独特的创意构思,可以打破对中华传统文化的固有印象,使之更加现代、有趣。

还可以尝试运用特效、时尚元素、音乐等手段,使中华传统文化焕发新的活力。例如,结合传统文化元素与当代流行文化,创造出融合传统与现代的时尚短视频,吸引更多的年轻观众。

对中华传统文化进行深入挖掘,将其中的故事、传说、历史等元素巧妙地融入短视频中,能够引起用户的好奇心和学习欲望。通过讲述一个有趣的传统故事,或者展示一个古老手工艺品的制作过程,能够在短时间内传递丰富的文化信息,引导用户更深入地了解中华传统文化;要充分发挥短视频平台的社交属性,因为用户在观看短视频的同时,往往会通过点赞、评论、分享等形式进行互动,这就需要制作方在短视频中巧妙地引导用户参与,通过互动形式促进用户对中华传统文化的深入思考和交流;

可以设置一些问题,邀请用户留言分享自己的看法,进一步拓展话题。

短视频需要通过多平台推广,确保其有更广泛的覆盖面。除了主流的短视频平台,还可以结合其他社交媒体,如微博、微信等,将有趣的中华传统文化短视频分享给更多用户。要通过跨平台推广,使中华传统文化的短视频能够更全面、更深入地接触全球观众。通过充分利用短视频平台,制作有趣、生动、创意十足的短视频,可以在全球范围内更轻松地传递中国文化的魅力。这一创新的传播方式不仅能够吸引更多观众,还能够在短时间内让用户对中华传统文化有更深入的了解,为中华传统文化的国际传播注入新的活力。

(四)文化活动与节庆

1.举办国际文化交流季

中国文化是世界上最古老、最深厚的文化之一,其博大精深的内涵、丰富多彩的传统艺术、深厚的历史底蕴一直以来都吸引着世界各国的目光。为了更好地展示中国文化的多样性,推动文化交流,定期举办中国文化交流季成为一种有效的方式。这不仅能够在全球范围内推广中华传统文化,还为世界各国提供了深入了解和感受中国文化的机会。

文化艺术展览是中国文化交流季的重要组成部分,在国际舞台上展示中国传统绘画、书法、雕塑、工艺等艺术形式,能够使世界观众亲身感受到中国文化的独特之美。在文化艺术展览中,可以展示不同历史时期的艺术品,呈现出中国文化在漫长历史中的变迁和发展。此外,现代艺术的展示,也能够展现中国文化的创新和活力,使观众更全面地了解当代中国的文化表达。传统节庆庆典作为中国文化的一大特色,也是中国文化交流季的亮点之一。每年定期举办的传统节庆活动,如春节庆典、中秋晚会等,现已成为国际舞台上令人瞩目的文化盛事。这些活动不仅在形式上保留了传统的庆祝方式,更通过现代舞台表演、灯光秀、大型文艺演出等元素,将中华传统文化注入现代生活,让世界观众感受到中国传统节庆的丰富多彩和独特魅力。

在文化交流季的策划中,可以通过组织传统戏曲、舞蹈、音乐等表演,使中华传统艺术走向国际。例如,通过邀请京剧、昆曲、舞蹈等表演团队,让世界观众近距离感受中国传统艺术的魅力。这样的演出不仅是对中华传统文化的传承,更是对世界文化的一种贡献，促进了不同文化之间的交流和理解。为了展示中国文化的多样性，文化交流季还可以组织民间艺术展示，如民俗表演、传统手工艺品展览等。通过这些活动，可以向国际观众展示中国不同地域、不同民族的文化特色。

文化交流季还可以通过专题讲座、研讨会等学术活动，为国际观众提供更加深入的中国文化学习体验。邀请学者、专家举办讲座，介绍中国文化的历史、哲学、宗教等方面的知识，为观众提供更全面、深入的文化认知。同时，组织研讨会，促进中外学者之间的学术交流，推动中国文化的国际研究。为了让中国文化交流季产生更大的影响，可以通过数字化手段将活动内容传播到全球。例如，建立专门的活动网站、社交媒体账号，通过直播、短视频、在线展览等形式，将文化艺术展览、传统节庆庆典等活动的内容传递给全球观众。这样不仅能够实现实体活动与线上传播的有机结合，还能够让更多无法亲临现场的人们感受到中国文化的魅力。

在文化交流季的组织中，要注重与当地文化的融合。可以通过联合当地文化机构、社区组织，使中国文化与当地文化产生有趣的碰撞和交流。例如，在传统节庆庆典中融入当地的庆典元素，举办文化对话论坛，促进不同文化之间的融合。在策划文化交流季的活动时，也要充分考虑观众的多样性。精心设计的活动内容，既能够满足艺术爱好者的追求，又能够引起普通观众的兴趣。

在文化交流季中，要注重品牌建设，通过交流季的成功举办，逐渐形成有一定影响力和知名度的中国文化交流品牌。这有助于吸引更多的文化机构、艺术家、赞助商的参与，形成长期可持续发展的文化交流平台。文化交流季要紧密结合当代社会热点和问题，通过文化的力量进行思考和回应。例如，在文化交流季中可以组织关于环保、可持续发展、文化多元性等主题的展览和活动；通过中国文化的独特视角，为全球社会提供新的思考和解决方案；通过定期组织中国文化交流季，举办文化艺术展览、传统节庆庆典等活动，有效推动中国文化的国际传播。这样的交流季不仅能够在全球范围内展示中国文化的多样性，也为世界各国提供了深入了解和感受中国文化的平台，促进了不同文化之间的交流与共融。

2.推广传统节庆

中国的传统节庆承载着丰富的文化内涵，如春节、中秋节等已经深深融入中国人的日常生活。为了促进中国文化在国际范围内的了解，有必要通过推广中国传统节庆，使世界各地的人们更深入地体验和理解这些文化活动。

中国传统节庆是源远流长的文化传承,蕴含着深厚的历史和精深的文化内涵。这些节庆不仅是庆祝自然周期的时刻,更是表达人们情感、思想和道德观念的重要方式。推广中国传统节庆有助于向世界展示中国人民对自然、家庭、社会的独特理解,有助于促进更为丰富和多元的文化交流。在国际范围内推广中国传统节庆,有助于拓宽国际社会对中国文化的认知面,促进文化多样性,弘扬中国文化的精髓。通过节庆活动,世界各地的人们可以体验中华传统文化的魅力,感受中国人民的独特情感和思考方式,促进不同文化之间的沟通与理解。

应该多举办中国传统节庆的文化交流活动,如庙会、花灯节、中秋赏月等。通过这些活动,人们可以近距离感受传统文化的魅力,参与其中,增进对中国文化的了解;可以利用互联网平台,举办线上的传统节庆互动活动;全球观众能够远程参与,拉近与中国文化的距离;可以通过直播、短视频等方式,展示中国传统节庆的庆祝方式、传统美食、民俗表演等;还可以在国际艺术馆、博物馆等场所举办中国传统节庆的文化展览,通过展览,向世界介绍不同节庆的历史渊源、文化内涵和传统习俗,使更多人了解中华传统文化的博大精深;可以与国际文化机构合作,开展文化交流项目,派遣专业的文化团队到国外举办传统文化体验活动,同时邀请国际文化团队访问中国,促进两国之间的文化交流。

不同国家和地区有着不同的文化背景和价值观念,可能会对中国传统节庆难以理解甚至产生误解。因此,在推广过程中需要注意适应目标国家的文化差异,以避免传播中的误解。中国传统节庆涉及丰富的文化内涵,而语言是文化传播的重要媒介。为了克服语言障碍,推广活动可能需要提供多语种资料,或者利用图像和符号等直观的方式进行传播。不同国家有不同的法律和政治环境,可能会对文化传播活动产生影响。在推广中国传统节庆时,必须充分了解和尊重目标国家的法律法规,确保活动的合法性和政治上的中立性。在面对挑战的同时,可以通过创新的方式、开放的心态,使中国传统节庆成为连接不同文化的桥梁,为构建一个更加和谐、包容的世界贡献力量。

（五）国际学术交流

1.举办国际学术会议

中国文化源远流长，蕴含着丰富的哲学、历史、艺术等。为了推动中华传统文化在国际学术界的研究与理解，组织国际性的中国文化学术研讨会成为一种重要的方式。邀请国际学者与中国学者进行深入交流，不仅可以促进学术界的合作，还有助于增进世界对中国文化的全面认知。

组织国际性的中国文化学术研讨会有助于促进国际学者之间的学术合作。不同国家的学者可以在这个平台上分享彼此的研究成果、经验和见解，形成深入的学术合作关系。通过邀请国际学者参与研讨，可以拓宽研究领域，引入不同文化、学术传统的观点，这有助于丰富中国文化研究的内容，提升学术研究的深度和广度。学术研讨会不仅是学术交流的平台，也是文化对话的桥梁。学者之间的深入交流，有助于增进国际社会对中国文化的理解，同时也能促进中外文化的对话和互鉴。

在举办学术研讨会时，应确定研讨会的主题，可以根据当前国际学术界的研究热点，选择涵盖中国文化不同领域的主题，以引发学者们的兴趣。广泛邀请国际学者参与研讨会，通过学者间的互动与交流，推动中国文化的研究。可以借助学术网络、国际学术组织等途径，确保邀请到具有相关研究背景和丰富经验的学者。研讨会的形式应多样化，包括学术报告、小组讨论、座谈会等，通过不同形式的交流，促使学者们从多个角度深入研究中国文化。还可以通过先进的科技手段，如在线直播、远程参会等，扩大学术研讨会的影响范围，使更多学者能够参与其中，从而推动中国文化的国际化。

不同国家学者的母语可能不同，因此语言障碍就可能成为交流的障碍。在组织研讨会时，需要提供多种语言支持，确保学者们能够顺利沟通。不同文化背景的学者对中国文化的理解可能存在一定的差异。在研讨会中，应以开放包容的心态对待不同观点，促使文化差异成为交流的丰富源泉。组织国际性的学术研讨会需要相当的资金和资源，涉及场地租赁、邀请学者、会务组织等多方面的费用。在筹备过程中需要谨慎安排预算，并寻找合适的赞助与支持。组织国际性的中国文化学术研讨会，不仅是学术交流的平台，更是促进跨文化对话、推动文化交流与传承的桥梁。在共同努力下，国际学术研讨会将成为深化全球对中国文化认知的有力工具，为构建一个文化多元、相互尊重的世界贡献智慧和力量。

2.设立研究奖金

中华传统文化是世界独具特色的文化宝库,其深厚的历史底蕴和丰富的文化内涵吸引着全球学者的关注。为了促进中华传统文化的深入研究和推动国际学者在中国进行相关研究,设立研究奖金成为一种有效的举措。通过此举,不仅可以为国际学者提供资金支持,更能够激发其研究积极性,促进中华传统文化在国际学术界的深度挖掘与传播。中华传统文化的研究需要耗费大量的时间和精力,尤其是需要在中国进行实地调研的学者,而设立研究奖金将成为他们的重要经济支持,能减轻他们在生活和研究方面的负担,使他们能够更加专注地投入对中华传统文化的深入研究中。

除提供经济支持外,还可以通过其他方式促进国际学者在中国进行中华传统文化的研究。例如,可以设立研究交流项目,鼓励国际学者与中国本地学者进行深度交流,通过与中国学者共同探讨、交流,国际学者能够更好地理解中国文化的内涵,获得更全面的研究视角。这种国际与本地学者的融合不仅有助于提高研究水平,还能够促进不同文化之间的深度对话。可以设立研究成果分享平台,鼓励国际学者通过学术论文、演讲、展览等形式将其研究成果传播给更多的人群。这不仅有助于推动中华传统文化的国际传播,同时也为其他研究者提供了学习的机会。这样的分享平台可以通过组织国际学术研讨会、文化论坛等形式构建,为中华传统文化的深度挖掘和传播搭建桥梁。也可以与我国研究机构、大学等合作,共同推动中华传统文化的国际研究项目。通过建立合作机制,可以充分利用各方的资源和优势,提高研究的效率和水平。这种国际合作的模式有助于构建更加开放、互惠、共赢的研究网络,促进中华传统文化在国际范围内的深度传播。研究奖金的设立应该考虑到对学术成果的评估体系。在资助过程中,建立科学的、公正的评审体系,确保奖金的发放符合学术规范和研究质量。这有助于提高中华传统文化研究的学术水平,推动相关领域的健康发展。设立研究奖金,对于国际学者在中国进行中华传统文化研究,既可以提供资金上的支持,又能够激发学者的研究积极性,促进中华传统文化的国际传播。这种举措不仅有助于加深人们对中华传统文化的理解,也为不同文化之间的交流提供了平台,促进了中华传统文化在国际学术界的深度挖掘。

（六）国际合作项目

1.联合国际合作机构

中国文化是世界上独具魅力和有深厚内涵的文化之一，为了更好地传播和保护中国文化，与国际组织、非政府组织合作是一种极具前瞻性的做法。通过共同开展中国文化传播项目，包括文化遗产保护、合作研究等方面的工作，可以实现资源共享、经验互补，推动中国文化在国际范围内更广泛地传播，使其获得更好的保护。

（1）合作开展文化遗产保护项目

合作开展文化遗产保护项目是非常重要的。中国文化拥有丰富的文化遗产，包括古建筑、传统手工艺、文学艺术等。与国际组织、非政府组织合作，可以增强文化遗产的修复、保护和传承工作的保护力量。例如，联合开展古建筑修缮项目，共同研究传统手工艺的保护与传承。

（2）合作进行文化节目和展览的策划与推广

合作进行文化节目和展览的策划与推广，通过各种形式展示中国文化的多样性。通过与国际组织、非政府组织的合作，举办中国文化的主题展览、艺术节目等，这不仅有助于世界更全面地了解中国文化，也为不同文化之间的交流创造了更多的机会。例如，通过合作举办国际传统音乐、舞蹈节目，让世界观众近距离感受中华传统艺术的魅力。

（3）合作进行文化研究项目

合作进行文化研究项目，共同挖掘中国文化的深层次内涵。通过与国际组织、非政府组织的合作，设立共同研究项目，探讨中国文化在历史、哲学、文学等多个方面的研究课题。这样的合作有助于促进不同文化间的学术交流，推动中国文化在国际学术界的深度挖掘。例如，通过合作研究中华传统哲学的现代意义，共同探讨中西文化之间的哲学差异。

（4）合作开展教育项目

合作开展教育项目，推动中国文化在国际范围内的学习与传承。通过与国际组织、非政府组织的合作，设立中国文化研究中心、交流学者项目，促进中国文化的国际化教育。例如，通过合作设立中国文化学院，为国际学生提供学习中国文化的平台，推动中国文化在国际教育领域的传播。

（5）合作开展文化活动

合作进行文化活动的开展，如文学沙龙、电影展映等。通过与国际组织、非政府组织的合作，策划举办文学交流活动、电影节等。这有助于让世界更深刻地了解中国文学、电影等方面的独特之处。

与国际组织、非政府组织合作，共同开展中国文化传播项目，不仅有助于推动中国文化在国际范围内更深入地传播，也能够促进不同文化之间的交流与共融。这种合作模式既有助于各方优势资源的整合，也为中国文化的创新与发展提供了更为广阔的平台。通过共同努力，可以使中国文化在全球范围内展现更为丰富、多元的面貌，为构建人类命运共同体贡献积极的力量。

2.建立友好城市

友好关系的建立是国与国之间推动文化、教育、经济等方面交流与合作的一种重要手段。通过与其他国家或城市建立友好关系，不仅可以促进双方的互信与了解，更能够为全球社会构建和谐共处的秩序。在这个背景下，通过友好关系开展文化、教育和经济等多方面的交流与合作，对增进国家之间的合作共赢，促进各领域的共同发展具有重要的意义。

（1）友好关系的建立有助于促进文化交流

文化是一个国家软实力的重要组成部分，通过友好关系建立文化交流机制，可以推动文学、艺术、传统工艺等方面的互通有无。例如，中国城市与其他国家或城市的文化进行对话，通过举办艺术展览、文学节、电影节等活动，加深双方对文化多样性的理解，促进文化传统的传承与创新。

（2）友好关系的建立有助于加强教育合作

建立教育交流项目、学者互访计划等方式，可以促进双方在教育领域的合作。例如，国家或城市间可以共同支持学术研究项目，建立联合研究中心，推动教育资源的共享。这样的合作不仅有利于提升双方的学术水平，还能够为培养人才、推动教育改革提供有益的经验和支持。

（3）友好关系的建立有助于促进经济互利合作

通过建立贸易合作协议、投资促进项目等形式，国与国之间可以在经济领域实现互利共赢。例如，通过签署自由贸易协定，降低关税壁垒，促进跨国投资，提升双方的经济合作水平。友好关系的建立还有助于搭建商务平台，促进企业之间的交流与合作，推动科技的跨国合作。

在建立友好关系的过程中，要注重发挥地方性优势，通过与其他国家或城市的合作，推动各方在文化、教育、经济等领域的优势互补。例如，一些拥有丰富文化遗产的城市可以通过文化交流活动，推动文化产业的合作；拥有先进科技研究机构的城市可以通过科技创新项目，促进科技领域的合作。

（七）文创产品输出

1.国际市场推广

将中华传统文化元素融入文创产品并推向国际市场，是一种有效的文化传播方式。通过设计具有中国传统风格的服装、手工艺品、"文房四宝"等产品，不仅可以展示中国文化的独特魅力，也有助于在国际市场上塑造中国文化品牌形象，促进文化交流与共融。

服装是展示文化的重要媒介之一。设计具有中国传统风格的服装，既可以传承传统文化，又能满足现代时尚的需求。例如，汉服作为中国传统服饰的代表，设计者可以通过巧妙的设计和现代元素的融合，创造出既有传统韵味又富有时尚感的新型汉服。这样的文创服装不仅在国内市场受欢迎，也能吸引国际消费者。

手工艺品是传统文化的重要代表，将传统工艺技艺融入文创产品，可以打破地域和语言的限制，使中国传统手工艺品更好地融入国际市场。例如，中国的剪纸、刺绣、陶瓷等传统手工艺都具有丰富的文化内涵，将这些元素巧妙地运用在文创产品中，既保留了传统工艺的精髓，又创造出富有现代感的产品，深受国际市场欢迎。

"文房四宝"作为中华传统文化的代表之一，其通过巧妙的设计，也可以成为国际市场的热门产品。将毛笔、墨汁、宣纸、砚台等元素融入现代文创设计中，可以制作出独特而富有文化底蕴的文房用品。这样的产品不仅可以满足人们对实用性的需求，同时也能够让用户感受到中华传统文化的深厚内涵。在文创产品的设计中，还可以融入中国传统绘画元素，如山水画、花鸟画等。这样的设计不仅能够展示中国绘画的博大精深，也能够为产品注入独特的艺术气息，吸引更多国际消费者的关注。

通过将中国传统文学元素融入文创产品设计中，也能够创造出具有故事性和文学意义的产品。例如，以中国古代文学作品为灵感，设计出与故事情节相关的文创产品，不仅可以吸引文学爱好者，还能够让国际消费者更深入地了解中国文学的魅力。在推向国际市场的过程中，可以通过积极参与国际文创展会、设计比赛等活动，提高产品的曝光度和知名度。同时，建立自己的品牌形象，注重产品质量和创新设计，打造出具有竞争力的文创产品。在销售渠道方面，可以通过在线平台、专卖店、文化交流活动等多种途径推广文创产品。在线平台能够覆盖更广泛的受众，专卖店则提供了实体展示和销售的机会，而参与文化交流活动则可以直接面对目标受众，增强产品的传播效果。

通过巧妙的设计和深入的文化挖掘，这些文创产品不仅能够满足现代人的审美需求，更能够促进中国文化在国际市场上的传播，为文化交流与共融作出积极贡献。

2.与国际博物馆和文创机构合作

与国际博物馆和文创机构合作，共同推出基于中华传统文化的创意产品，是一种极具创新性和前瞻性的合作方式。这种合作不仅有助于在国际范围内传播中华传统文化的独特魅力，同时也促进了文创产业的发展，为不同文化之间的交流搭建了桥梁。通过深度融合中华传统文化与国际前沿设计理念，在丰富文化创意产品的同时，也推动了中国文化在全球的影响力。博物馆作为文化遗产的保护者，拥有丰富的文物和艺术品资源。与国际博物馆合作，可以推动中华传统文化的艺术品和文物的数字化再现。通过数字技术，可以将这些传统文化珍品以全新的形式呈现出来，如虚拟展览、数字博物馆等。这种数字化再现技术既方便了国际观众的远程参观，同时也为后续的文创产品提供了原始素材。

与国际博物馆和文创机构的合作有助于打破传统文化产品的局限性，激发新的创意。通过引入国际先进的设计理念和技术手法，可以将传统文化元素融入当代的艺术品、礼品、家居用品等创意产品中。例如，以中国传统绘画元素为灵感的现代家居用品，或将传统文学名篇融入设计独特的艺术品中，使中华传统文化与当代生活更加紧密地结合。利用国际博物馆的资源和声望，可以在全球范围内推广中华传统文化。合作推出的基于中华传统文化的创意产品，不仅可以在博物馆内部的商店中销售，还能够通过博物馆的线上渠道和合作伙伴进行销售和宣传。这种方式将使更多的国际观众能够接触和了解中华传统文化，为中国文化在国际上的传播提供有力支持。

与国际文创机构的合作也可以促使国际设计师更好地理解和尊重中华传统文化。这种文化融合的合作模式，需要设计师深入研究中华传统文化的精髓，了解其中的哲学、审美、价值观等方面的内涵。这不仅有助于避免文化误解，更能够促进文化的深度交流，推动中西方文化之间的互相启发。合作推出创意产品还有助于培养年轻一代对中华传统文化的兴趣。在创意产品中融入富有文化内涵的元素，如传统故事、神话传说等，能够激起年轻人的兴趣，激发其对中华传统文化的好奇心。这对传承和发扬中华传统文化具有重要的意义。

与国际博物馆和文创机构合作，也能为国际文创机构提供开发新市场的机会。中华传统文化作为世界上最古老、最深厚的文化之一，其独特的审美和哲学思想在全球范围内极具吸引力。通过推出基于中华传统文化的创意产品，国际文创机构有机会进入中国市场，同时也能够吸引全球对中国文化感兴趣的消费者。

这一合作模式还能够推动文创产业的发展。通过将传统文化与现代设计相结合，能够创造出具有创意和实用性的产品，这有望打破传统文化产品的局限性，推动文创产业的创新发展。这对于推动国内文创产业升级，提升其国际竞争力具有积极的推动作用。

与国际博物馆和文创机构合作，共同推出基于中华传统文化的创意产品，不仅促进了文创产业的发展，而且有助于推动中华传统文化在国际上的传播。这种跨界合作模式为文化交流、创意产业的蓬勃发展提供了新的途径，对构建更加多元、开放的文化格局具有深远意义。

第四章　中华传统文化国际化发展的总体战略

第一节　中华传统文化国际化发展的战略目标

中华传统文化国际化发展的战略目标旨在通过多方面的努力，推动中华传统文化在国际舞台上的广泛传播，促进文化的多元发展，为构建人类命运共同体作出积极贡献。中华传统文化国际化发展的战略目标是通过中文教育、文化交流、传统艺术、文学传播、文化产业合作、文化外交、支持文化交流项目等多方面的努力，使中华传统文化在国际上得到更广泛的认同和传播，成为推动文明交流互鉴的重要动力。这一战略目标的实现将有助于增进国际社会对中国文化的理解，促使中华传统文化在构建人类命运共同体的进程中发挥更为积极的作用。中华传统文化国际化发展的战略目标主要有以下几个方面：

一、中文教育的国际化

在中华传统文化国际化发展的战略目标中，建立更多的孔子学院和中文教育中心是一项重要的措施。这一战略目标旨在通过提供高质量的汉语教育，吸引更多的国际学生深入学习汉语，进而推动中文教育国际标准的建立，使中文成为更多国家和地区的第二语言，为中华传统文化的传播提供坚实的语言基础。

孔子学院是中外合作建立的非营利性教育机构，致力于适应世界各国（地区）人民对汉语学习的需要,增进世界各国(地区)人民对中国语言文化的了解,加强中国与世界各国教育文化交流合作,发展中国与外国的友好关系,促进世界多元文化发展,构建和谐世界。通过在世界各地建立孔子学院,可以提供更多的中文学习机会,向国际学生传递中国文化的独特魅力。这些学院通常提供全面的中文课程,涵盖从初级到高级的各个水平,以满足不同学生的需求。通过设立孔子学院,可以为国际学生提供一个系统、专业、优质的中文学习平台,激发他们对中华传统文化的浓厚兴趣。中文教育中心也是推动中文教育的重要组成部分,这些中心可以在各国主要城市设立,为当地居民和国际学生提供灵活的中文学习课程。中文教育中心通常不仅注重语言教学,还将中国文化的方方面面纳入教学内容,包括传统节日、习俗、文学作品等,以便学生更全面地了解和体验中华传统文化。

为了提供更高质量的中文教育,必须推动中文教育国际标准的建立。这包括制定统一的中文教学大纲、考试标准等,以确保全球范围内的汉语教育都能够达到一定的质量水平。国际标准的建立不仅有助于提高中文教育的专业性和规范性,也有助于不同国家和地区的学生更好地进行学术交流和文化交流。中文作为更多国家和地区的第二语言的普及,是推动中华传统文化传播的有效手段之一。随着人们中文水平的提高,他们将更容易深入理解中华传统文化的语言和思维方式。这不仅有助于促进文化的交流,也为中华传统文化在国际上更深层次的理解和传播提供了有力支持。

在孔子学院和中文教育中心的设置中,培养中文教育的专业师资队伍至关重要。专业的中文教育师资不仅要具备扎实的语言功底,更要对中华传统文化有深入的理解和热爱,能够通过生动的教学方式传递文化内涵。培养一支高水平的中文教育队伍,不仅能提高中文教学的质量,也能为中华传统文化的深入传播奠定坚实的基础。通过推动中文教育的国际标准,可以使中文学习更加系统和规范。这有助于建立全球范围内的中文学习体系,使学生在学习中文的过程中能够更好地融入中华传统文化的语境中,而不仅仅是语言的学习,更是对文化的全面体验。

通过建立更多的孔子学院和中文教育中心,提供高质量的中文教育,推动中文教育国际标准的建立,中文将逐渐地成为世界各国家和地区的第二语言。这将为中华传统文化的传播提供强有力的语言基础,推动中华传统文化在国际上更深入、更广泛地传扬。

二、文化交流的多元化

加强与其他国家的文化交流，是推动中华传统文化国际传播的关键一环。通过文艺节目、艺术展览、传统手工艺品展示等多种文化活动，可以使更多国际人士亲身感受和了解中华传统文化，搭建沟通交流的桥梁，促进不同文化之间的交融。文艺节目是中华传统文化走向国际的生动表达。通过举办音乐会、舞蹈表演、戏曲演出等文艺节目，可以展示中华传统文化的艺术魅力，让国际观众在欣赏的同时感受到中国文化的深厚底蕴。例如，京剧、昆曲等传统戏曲形式，通过现代化的演绎和创新，更容易吸引国际观众，传递中华传统文化的美妙之处。

艺术展览是另一种推动文化交流的有力方式，通过在国际上举办中国画展、雕塑展、摄影展等艺术展览，可以向世界展示中华传统艺术的独特之处。这不仅有助于拓展国际观众对中国艺术的认知，同时也为中国艺术家提供了更广泛的国际交流平台。艺术展览的多样性和丰富性有助于吸引不同文化背景的人们，促使他们更加深入地了解中华传统文化。传统手工艺品展示是连接过去和现在的重要纽带。通过展示中国传统手工艺的独特魅力，如中国的丝绸、瓷器、剪纸等，可以让国际人士更直观地感受到中华传统文化的精湛工艺和深厚历史。举办手工艺品展示活动，不仅有助于推动传统手工艺的传承和发展，还能够促使国际观众对中华传统文化的独特之处有更深刻的认识。

推动国际文化交流项目是促进文化多层次传播的有效途径。这包括与其他国家的文化机构合作，共同策划文化交流活动，开展艺术家、学者的互访交流等。通过国际合作，中华传统文化可以更广泛地参与到国际文化领域中，实现与其他文化的有机融合。例如，中外文化交流季、国际文化节等项目，能够在不同文化之间搭建起桥梁，促进文明互鉴。国际文化交流项目的推动也需要与其他国家的合作。在中华传统文化的国际推广过程中，各国文化机构的共同努力尤为关键。政府间的文化交流合作协议、跨国文化活动的举办，都有助于促进中华传统文化在全球范围内的传播，增进各国人民对中国文化的共鸣和理解。

文化交流项目应着眼于多领域、多层次的合作，不仅包括艺术、手工艺品、传统文化展示，还涉及电影、文学、体育等多个方面。通过不同形式的文化交流项目，中华传统文化能够更全面地参与国际文化领域，形成深入而广泛的影响。在国际文化交流中，语言交流也是至关重要的一环。推动汉语国际化，鼓励更多外国人学习中文，不仅是促进文化交流的手段，也是增进对中华传统文化的理解和欣赏的途径。孔子学院等机构在推广汉语国际化方面发挥着重要作用，它们通过开展汉语教学、中文水平考试等活动，使中文成为更多国际人士的学习选择。

通过丰富多彩的文化活动，推动国际文化交流项目，中华传统文化可以更全面、更深入地走向世界。这样的交流不仅是文化的传播，更是文明的交流，其能为构建和谐、多元的国际文化格局作出积极贡献。

三、传统艺术的国际化发展

推动中国传统艺术在国际上的传播与发展是中华传统文化国际化战略的关键组成部分。通过国际巡演、文艺交流等方式，积极提高中国传统艺术的国际知名度，更多的国际观众能够欣赏到中华传统文化的艺术之美，已成为中国文化推广的一项战略举措。

国际巡演是将中国传统艺术带到世界各地的重要方式之一。通过在不同国家和地区的演出，中国传统艺术家可以直接与国际观众互动，将独特的艺术表现形式呈现给全球观众。例如，京剧、昆曲等传统戏曲在国际巡演中，艺术家们通过精湛的表演和引人入胜的剧情，成功吸引了众多国际观众的眼球，让他们深刻感受到中华传统文化的博大精深。

中国传统艺术家可以参与国际性的文艺活动，与来自世界各地的艺术家交流合作。这种跨文化的艺术交流有助于拓宽传统艺术的表现形式，使其更符合国际观众的审美趣味。例如，在国际艺术节上，中国传统舞蹈、音乐等形式的表演常常会引起热烈反响，从而促使观众更加深刻地了解和欣赏中华传统文化的独特之处。鼓励传统艺术家积极参与国际性的文艺活动是推动中国传统艺术走向国际化的重要举措。

通过参与国际性的比赛、展览、座谈会等活动，传统艺术家能够在全球范围内展示其才华，与国际艺术界保持互动。这不仅有助于传统艺术家在国际上树立个人声望，也为中华传统艺术整体的国际传播提供了有力的支持。例如，一些中国的书法家、画家在国际艺术展中频频获奖，使他们的作品受到更广泛的关注。要积极倡导和推动传统艺术与现代元素的融合，使其更符合当代观众的审美需求。要加强国际性的艺术交流平台，鼓励艺术家之间的深度合作，创作出更具国际视野的作品。此外，还要通过开展国际性的艺术交流活动，如中外艺术家的联展、工作坊等，促进不同文化之间的艺术互鉴，推动中国传统艺术更好地走向国际文艺舞台。

通过在线平台，将传统艺术的演出、展览等呈现给全球观众，实现文化的跨时空传递。例如，通过在线直播传统音乐会、舞台剧等，让观众不受地域限制地欣赏到高水平的传统艺术表演，从而提高国际知名度。在推动中国传统艺术国际化的过程中，需要加强与国际艺术机构的合作。例如，与国际博物馆、文化机构合作，共同策划推出基于中华传统文化的创意产品，将传统艺术与现代设计相结合，打破传统与现代之间的界限，使中国传统艺术更具现代感、国际化水平。

通过国际巡演、文艺交流等方式，制定并实施长期、系统的国际传播计划，不仅要强调中国传统艺术的独特性，更要注重其融入世界文化的共通性。这有助于建立传统艺术在国际上的品牌形象，形成持久的影响力。

通过国际巡演、文艺交流等方式，提高中国传统艺术的国际知名度，是推动中华传统文化国际化的必然选择。这不仅有助于传统艺术更好地融入国际文艺舞台，也为世界各地的观众呈现了一场跨越文化的艺术盛宴，促进了中华传统文化在全球范围内的传播与交流。

四、中国传统文学的国际化发展

通过翻译、出版、文学节等多种方式，中国古代文学作品如《红楼梦》《三国演义》等得以走向国际。这些方式为提高中国文学的国际知名度，促使中国文学更好地与世界文学接轨，发挥了积极而重要的作用。这不仅是文学作品的传播，更是让更多国际读者深入了解中国文学的独特魅力的桥梁。

翻译是中国古代文学走向国际的重要一环。通过翻译，中国古代文学作品得以超越语言障碍,传播到世界各地。《红楼梦》《三国演义》等经典作品被翻译成多种语言后,能够被更多的读者群体理解和欣赏。翻译工作的专业性和艺术性决定了其对原著的忠实性,同时也需要翻译家对目标语言文化的深刻理解,以保持作品的原汁原味。

翻译过后,需要出版,将中国古代文学作品引入国际市场,这是推动中国文学与世界接轨的重要手段。国际出版社通过将中国文学作品纳入自己的出版计划,为这些作品提供更广泛的阅读平台。《红楼梦》等作品在国际畅销书榜上的表现,表明了国际读者对中国文学的浓厚兴趣。在出版的过程中,出版商的选择、编辑的精心策划都是推动中国古代文学作品国际传播的关键环节。例如,法国的伽利玛(Gallimard)出版社出版了《红楼梦》的法语版,其通过高质量的翻译和精美的装帧,成功吸引了法国读者的关注。

文学节是中国古代文学作品向国际传播的重要平台。通过参与国际性的文学节,中国古代文学作品得以在全球范围内展示,并与其他国家的文学作品互动交流。文学节不仅是作品展示的场所,更是作家、学者、读者交流的平台,其能促使不同文学传统之间进行深入对话。中国文学作品在国际文学节上的获奖与推介,为提高中国文学的国际地位提供了有力支持。在文学节的组织和参与中,作家的角色至关重要。中国作家通过参与国际文学节,与来自世界各地的作家进行交流,展示中华文学的当代风采,为中国文学在国际上的传播注入新的活力。通过"文学节"这一平台,中国作家有机会深入介绍中国古代文学的内涵,与世界各地的文学创作者分享思想和艺术观点,促进中华文学与世界文学的融通互鉴。

综上所述,通过翻译、出版、文学节等多种方式,中国古代文学作品成功走向国际,推动了中国文学的国际传播。这不仅为中国文学赢得了国际声誉,也促使中国文学更好地与世界文学接轨,为中华文学在全球范围内的传播打开了更广阔的天地。通过这样的对话与交流,中国传统文学得以在世界文学的激荡中焕发出新的生机。

五、文化外交

国家外交活动是展示一个国家形象、传递价值观念的重要平台,而强调中华传统文化的独特性，通过文化外交增进国际友谊，促进不同国家之间的文化互鉴，是中国国际交往中的一项战略性举措。通过这样的方式，可以使文化外交成为国际合作的突出亮点，为中国文化在国际舞台上树立更为深厚的文化形象。

强调中华传统文化的独特性是塑造国家形象的关键要素。中华传统文化源远流长，博大精深，具有独特的审美观、哲学思想、道德伦理等。在国家外交活动中，突出这些特质，强调中国文化的卓越之处，有助于让国际社会更全面地认识中国，了解到中国不仅仅是一个经济实力强大的国家，更是一个具有深厚底蕴的国家。例如，在国际峰会、外交晚宴等场合，通过传统音乐、舞蹈、文学等文化元素的展示，可以为国家形象增色不少，让国际友人更加真切地感受到中国文化的独特魅力。文化外交的另一个重要目标是通过增进国际友谊，促进不同国家之间的文化互鉴，实现文明交流、互鉴的理念。中华传统文化包含丰富多彩的元素，例如，传统绘画、书法、茶道、武术等，都是在国际舞台上具有广泛吸引力的文化形式。在国家外交活动中，可以通过举办文化节、艺术展览、演艺表演等形式，邀请来自不同国家的艺术家、学者、文化从业者共同参与，通过互动与交流，实现不同文化之间的融合与共生。这不仅有助于拓宽国际视野，也能促使中国文化与其他文化形成良性互动，为全球文明的共同繁荣贡献力量。

文化外交的核心理念之一是"和而不同"，即通过尊重差异、欣赏多样性，促进文化之间的和谐共存。强调中华传统文化的独特性，不仅能在国际交往中体现中国的文化自信，同时也为能国际社会树立一种重视文明多样性的榜样。在国际会议、文化交流活动中，通过推崇中国文化的包容性、开放性，中国传递出了一种尊重差异、追求共同发展的积极信息，这有助于化解文化冲突，促进国际社会的和谐稳定。文化外交在国际合作中有着不可忽视的作用，尤其是在处理复杂的国际关系、化解文化冲突等方面。强调中华传统文化的独特性，可以使文化外交成为国际合作的突出亮点。例如，通过与其他国家的文化机构合作，联合推出中外文化交流项目，共同举办文艺节目、展览等活动，形成有深度、有内涵的文化交流，为国际社会提供更多共同话题，为国际合作增添新的动力。

文化外交也是在国际社会中提高国家软实力的有力保障。国际社会对一个国家的认可不仅仅来源于其经济实力和政治影响，文化因素同样至关重要。通过强调中华传统文化的独特性，展示中国在文学、艺术、哲学等方面的卓越贡献，有助于提升中国在国际社会中的文化声望，使中国文化在国际舞台上更为引人注目。通过文化外交强调中华传统文化的独特性，可以为中国文化在国际舞台上树立更为深厚的文化形象。这不仅仅是一种文明的展示，更是对国际社会传递一种文化自信和文化自强的信号。中国文化的深厚底蕴和独特价值观念，将为国家形象注入更多文化内涵，使中国文化在世界各国人民心中留下深刻印象，为国际合作和文明共存创造有益的条件。

第二节　中华传统文化国际化发展战略的实施主体

中华传统文化国际化的发展涉及多个实施主体，包括政府机构、文化交流机构、文化产业企业、文化学者、艺术家等。这些主体在各自的领域和层面上，共同参与并推动中华传统文化在国际舞台上的传播与发展。这些实施主体之间需要形成良好的合作机制，形成政府引导、文化机构推动、产业参与、学术支持、艺术创作等多方合力的局面。只有在各方共同努力下，中华传统文化才能在国际上发挥更大的影响力，实现更深层次的国际化发展。

一、政府机构

政府在文化国际化中扮演着至关重要的角色。文化交流不仅是国家形象的展示，更是增进不同文化之间的理解与合作的桥梁。政府作为主导者和组织者，有责任通过明智的政策和有力的支持，推动中华传统文化在国际上的广泛传播和深入发展。

政府在文化国际化中的角色体现在对文化交流的支持上。可以通过文化部门和外交部门等机构，制定并实施有针对性的政策，以促进中华传统文化在国际上的推广。这包括对文化交流项目的资金支持，如艺术展览、文化节庆等，为艺术家和文化机构提供资金保障，使其更好地展示中华传统文化的独特之处。政府在文化国际化过程中需要加强对文化产业的支持，促进文化产业的国际化发展。这可以通过提供相关支持政策、鼓励文化企业走出国门、推动文创产品的国际销售等方式实现。政府可以制定税收政策、提供贷款支持等，鼓励文化产业向国际市场拓展，推动中华传统文化在全球范围内更加深入地融入当代文化潮流。

在政府的支持下，可以设立专门的文化交流基金，用于资助中华传统文化在国际上的推广和交流活动。可以通过政府出资、行业捐赠等多方面手段筹集资金，专门用于支持中华传统文化在国际上的展示、交流、翻译等各个方面，形成全方位的支持体系。政府还可以通过各种途径，推动中华传统文化的国际传播。在外交活动中，可以将文化交流作为一项重要的外交手段，通过文化使者、文化展览、文化交流活动等方式，向世界传递中华传统文化的独特魅力。通过外交渠道，政府可以促使各国更加了解和欣赏中华传统文化，构建更加和谐的国际关系。

政府还可以加大力度推动中华传统文化的数字化和在线化。通过建设数字文化平台、在线博物馆、虚拟文化展览等，中华传统文化能够通过互联网深入到世界各地，为全球公众提供更为便捷和直观的文化体验。政府可以投资支持这些数字文化项目，推动中华传统文化在数字时代的国际传播。政府在文化国际化中还应注重文化软实力的建设。通过加强中外文化交流学院、研究机构等的建设，培养更多具有国际视野的文化交流人才。政府可以鼓励学者、艺术家等参与国际性的文化研讨会、论坛，推动中华传统文化在学术领域的国际交流。

政府在文化国际化中的角色还体现在文化产业的规划和管理上。政府可以通过产业规划，引导文化企业更好地走向国际市场，推动中华传统文化在国际市场上的有序发展。同时，政府也有责任建立相关法规和标准，保护中华传统文化的创意产业，维护其在国际市场上的声誉。政府在文化国际化中的角色不可或缺，其在制定政策、提供支持、推动产业发展等方面发挥着至关重要的作用。只有政府与其他相关主体共同合作，形成合力，才能更好地推动中华传统文化在国际上的传播与发展。政府的引领作用将为中华传统文化在国际舞台上的表现提供有力保障。

二、文化交流机构

文化交流机构作为中华传统文化国际化的重要推手,是连接中国与世界的桥梁,其在国际上的活动,推动着中华传统文化的传播、对话和合作。这些文化交流机构在丰富多彩的文化交流活动中发挥着不可替代的作用。例如,孔子学院作为文化交流机构的代表,是中国政府设立在国外的重要机构。其主要任务是推动汉语教学和中国文化的传播。在世界各地设立的孔子学院,为国外中文爱好者提供了学习中文和了解中国文化的平台。孔子学院与当地的大学、学校合作,开设各类语言课程、举办文化讲座和活动,使更多的外国学生能够深入了解中华传统文化,促进语言和文化的双向交流。

文化交流协会和文化交流中心等机构也在国际积极开展文化交流活动。这些机构的成立旨在促进不同文化之间的对话与合作,以展览、座谈、研讨会等多种形式,创造了一个文化交流的平台。通过这些交流活动,中华传统文化得以深入人心,让世界更好地了解中国的历史、艺术和价值观。在文化交流的过程中,这些机构还发挥了文化使者的作用。它们通过组织文化交流团访问国外,展示中华传统文化的独特魅力,加深其他国家对中国的了解。文化使者们在各种场合中向外界介绍中国的传统艺术、文学、哲学等,推动了文化的跨国传播,为提高中华传统文化在国际上的影响力提供了有力支持。

展览是一种直观的文化交流方式,艺术展览是传播中华传统文化的重要手段之一,通过画展、雕塑展、传统手工艺展等形式,可以向其他国家展示中国艺术的独特之处。文化交流机构的座谈和研讨会更是促进不同文化之间对话的重要形式。可以通过邀请文化学者、艺术家、历史学家等专业人士,组织学术研讨会,就中华传统文化的研究和发展进行深入讨论。这种形式有助于促进学术交流,让国际社会更好地了解中华传统文化的深厚底蕴。文化交流机构在推动中华传统文化国际化方面还承担着文化活动的举办责任。通过举办文化节、艺术节、传统手工艺展示等活动,这些机构为国际社会呈现了一幅丰富多彩的中国文化画卷。这些活动不仅增进了其他国家人民对中华传统文化的了解,也为各国之间的文化交流提供了一个难得的机会。

三、文化产业企业

文化产业是推动中华传统文化国际化发展的关键力量,在这一过程中,企业发挥着积极而关键的作用。通过创意设计、数字化技术的应用等手段,文化企业成功地将中华传统文化融入文化产品,并通过国际市场的推广,中华传统文化在全球范围内能够更加广泛而深入地传播。

通过创意设计,传统文化元素能够得到重新演绎和创新,这样企业就可以打造出更富有时代感和国际化氛围的文化产品。例如,传统手工艺品可以通过现代设计理念的引入,创造出更具现代审美的艺术品,吸引更多国际消费者的关注。这种创意设计不仅能够传承和保护中华传统文化,同时也使其更符合当代社会的审美需求,提高了其在国际市场中的竞争力。在文创产品方面,企业可以通过独特的设计理念,将传统文化元素巧妙地融入商品中。例如,在服装设计中加入传统的刺绣工艺,或者在"文房四宝"中注入中国书法的艺术元素,这些都是创意设计的一种体现。这样的文创产品既保留了传统文化的精髓,又能够满足现代人对于个性化和艺术性的需求,为中华传统文化在国际市场上赢得更多的认可和获得喜爱。

数字化技术的应用对于中华传统文化国际化的推动具有革命性的意义。数字化手段,使文化企业能够更好地将传统文化呈现给全球观众,从而跨越时空的限制,实现更广泛的传播。例如,在数字文化内容方面,可以制作数字化的传统音乐、舞蹈、戏曲等,使这些传统艺术形式能够通过互联网、移动应用等渠道传递到世界各地,让更多的人能够轻松地了解和欣赏中华传统文化。

在数字化的同时,企业还可以通过社交媒体、在线平台等渠道,积极推广中华传统文化。例如,在全球范围内建立文化社群,分享传统文化的知识、活动和体验,实现对中华传统文化的线上传播。这种数字化推广不仅可以提高文化产品的知名度,还能够增强全球受众对中华传统文化的了解和认同。数字化技术也为文化产品的创新提供了更为广阔的空间。通过虚拟现实、增强现实等技术,企业可以打造出更具互动性和沉浸感的文化体验。例如,通过虚拟现实技术,国际观众可以身临其境地欣赏中国传统古建筑、参与传统节庆活动,从而对中华传统文化更深层次的了解。

在国际市场推广方面，文化企业可以通过建立全球化的销售渠道，将中华传统文化产品推向世界。与此同时，企业还可以参与国际性的文化展览、博览会，展示中华传统文化的魅力。例如，在国际艺术展览中展示具有中国传统艺术元素的绘画作品，或者在国际设计博览会中推广传统手工艺品等，这些都是有效的推广手段。

文化企业在创意设计和数字化技术应用方面会产生积极的作用，它可以使中华传统文化在国际上得到更加广泛的传播。而创意设计和数字化技术的应用不仅能为文化企业在国际市场上赢得更大的市场份额，也能促使中华传统文化更好地融入全球文化体系，为世界各地的人们带去新颖、有趣、富有艺术感的文化产品。在这个过程中，企业既是中华传统文化的传播者，也是创新者。

四、文化学者与研究机构

学者在中华传统文化国际化的过程中扮演着不可或缺的角色，他们以其深厚的学术造诣和独到的见解，为推动中华传统文化的国际传播提供了理论支持和智力引导。学者们通过深入研究和学术论文的发表，为中华传统文化的国际传播提供了有力的理论基础，同时研究机构的国际性学术活动也促进了不同文化之间的学术对话，推动了中华传统文化在国际学术领域的影响力。通过对古代文献、经典著作、艺术形式等方面的深入研究，学者们不仅为传统文化的深层次理解提供了支持，同时也为如何将其传播到国际舞台提供了战略性的指导。学者们的研究成果通过学术渠道的传播，成为国际社会认知中华传统文化的重要窗口。例如，对于经典文学作品的解读、对传统艺术形式的分析，都使国际观众更好地理解中华传统文化的内涵，从而对其产生浓厚的兴趣。

学者们发表的学术论文是推动中华传统文化国际传播的重要途径，通过在国际学术期刊、专业刊物上发表高水平的学术论文，学者们可以将中华传统文化的研究成果传播到国际学术界，引起国际同行的关注。这不仅有助于加深国际学术界对中华传统文化的认知，也为国际学者提供了参考和借鉴的机会。例如，对于中华传统哲学的研究、对中国传统绘画技艺的深入分析，都可以通过学术论文的发表在国际上产生广泛而深远的影响。

　　研究机构能够组织国际性的学术活动,如国际学术研讨会、论坛等,为不同文化的学者提供一个交流的平台。通过这些学术活动,不同文化的学者可以分享彼此的研究成果,进行深入的学术对话,促进不同文化之间的相互理解。例如,一些国际性的中国文化研究中心,通过组织国际学术会议,为中华传统文化在国际学术界的交流搭建桥梁,使中华传统文化的声音更加清晰地传遍国际。

　　研究机构还能够通过开展国际性的文化研究项目,如文学、哲学、历史、艺术等方面的系统研究,深入挖掘中华传统文化的特质和价值,形成具有国际影响力的研究成果。例如,一些研究机构通过组织团队深入研究中国传统书法的历史演变,使其成为国际学术界关注的焦点,并为中华传统文化的国际传播提供了新的视角。在国际化的背景下,研究机构还能够积极与国际合作伙伴建立合作关系。通过与国际学术机构、文化组织的合作,可以促进不同文化之间的学术交流,推动中华传统文化在国际上更为广泛地传播。例如,与国际知名大学、文化研究机构的合作,不仅能够在研究水平上互相促进,也可以通过合作项目将中华传统文化引入国际学术界的主流领域。

　　研究机构的组织和推动作用也在促进不同文化之间的学术对话中发挥着重要作用。学者们的努力不仅为中华传统文化在国际学术界的传播奠定了基础,也为世界各国更好地理解和欣赏中华传统文化提供了有力的智力支持。

五、艺术家

　　艺术家作为中华传统文化的传播者和创新者,在中华传统文化国际化的过程中发挥着独特的作用。艺术家在作品的创作中,可以将中华传统文化元素融入作品中,通过艺术展览、演出等方式向国际观众展示中华传统文化的魅力,为提高中华传统文化在国际上的影响力贡献独特的力量。

　　艺术家将传统文化元素融入自己的作品中,不仅能传承和弘扬中华传统文化,同时也能通过创新的手法使之更贴近当代人的审美需求。例如,在绘画领域,一些画家通过将传统的山水、花鸟等元素融入现代抽象绘画中,创造出富有当代气息的作品,吸引了国际观众的关注。这样的创作不仅有助于传统文化在国际上的传播，也为国际观众呈现了一种融合了古典与现代的独特艺术风貌。

艺术家还可以通过艺术展览向国际观众展示中华传统文化的丰富内涵。艺术展览是将艺术作品呈现给大众的重要方式，通过在国际范围内举办展览，艺术家能够直接与国际观众互动，让他们深刻感受中华传统文化的博大精深。例如，在国际艺术展览中，一些中国画家以传统的水墨画技法，表现出山水的意境，使观众在欣赏艺术魅力的同时更好地理解和感受中华传统文化的深远内涵。

音乐、舞蹈、戏剧等艺术形式都可以融入中华传统文化的元素，并通过表演形式向国际观众传达。例如，在国际舞台上，一些舞蹈团体通过演绎传统舞蹈，展现传统服饰、舞蹈动作等，生动地呈现了中华传统文化的独特之处。这样的演出不仅能够吸引国际观众的目光，也能让他们更直观地感受到中华传统文化的美丽与深刻。

艺术家既是文化的传播者，也是文化创新的推动者，为中华传统文化在国际上的影响力贡献了独特的力量。

第三节　中华传统文化国际化发展战略的受众

中华传统文化国际化发展的受众十分广泛，涵盖了各个年龄层和职业群体，既包括了专业领域的学者和艺术家，也包括了广大对中华传统文化有兴趣的一般观众。这种广泛的受众基础有助于中华传统文化在国际上取得更为广泛的影响力。中华传统文化国际化发展的受众主要概括为以下几个。

一、学生和学者

随着汉语的国际传播和中文学习的热潮，越来越多的学生选择学习汉语，而中华传统文化往往成为他们学习的重要内容之一。学生通过学习汉字、阅读古代文学作品、了解传统礼仪等方式，逐渐对中华传统文化的深厚底蕴产生浓厚的兴趣。这种学习过程不仅仅是语言技能的提升，更是对中华传统文化的一次深入了解和亲身体验。

专业领域的学者，尤其是文学、艺术、哲学等领域的学者，对中华传统文化展现出极大的研究热情。他们通过深入研读中国古代文献、研究中国传统绘画艺术、解读经典哲学著作等方式，深入挖掘中华传统文化的深层内涵。这些学者通过发表学术论文、参与国际学术研讨会等途径，将自己的研究成果分享给全球学术界，为中华传统文化在国际上的传播提供了理论支持。学者们在中华传统文化的研究中，通常会关注文学经典、哲学思想、艺术形式等方面的内容。例如，对《论语》《道德经》等经典著作的解读，对中国古典诗词的研究，以及对传统绘画、书法艺术的分析等，都是学者们深入探讨的研究领域。通过这些研究，他们能够深刻地理解中华传统文化的精髓，同时在国际学术界推动对这一文化的更深入认知。

学生和学者群体对中华传统文化的兴趣在正在不断增长。他们通过学习汉语、学术研究、论文发表等方式深入了解和传播中华传统文化，为其在国际舞台上的传播作出了积极的贡献。这一群体的参与使中华传统文化在国际上得以更全面、更深入的展示，促进了文化的多元交流。

二、创作者

艺术家、文学家、音乐家、舞蹈家等创作者在中华传统文化的传播中扮演着不可或缺的角色，他们通过将传统元素巧妙融入其作品，向国际观众展示着中华传统文化的深厚内涵，不仅促进了文化的传承，更在创新中展现了中华传统文化的魅力。

在绘画领域，许多画家通过传统的国画技法和题材，创作出富有中华传统文化特色的作品。他们以墨韵、山水、花鸟等传统画风为基础，融入自己的审美观念和表达方式，使传统与现代相融合。这种融合既展示了传统文化的丰富多彩，又为观众呈现出一幅具有现代艺术气息的画卷。通过艺术展览，这些画作得以在国际舞台上展示，观众能够更直观地感受到中华传统文化的艺术魅力。

在文学领域，许多文学家通过小说、诗歌、散文等文学形式，深入挖掘中华传统文化的人文内涵。他们以传统神话、历史故事、经典诗词为灵感，创作出具有深刻思考和文学价值的作品。这些作品通过翻译成多种语言，被引入国际文学舞台，让更多的读者通过文字感受到中华传统文化的精髓，促使中国传统文学在全球范围内传播。

在音乐领域，许多音乐家将中国传统的古琴、二胡、笛子等乐器与现代音乐元素相结合，创作出能够引起共鸣的音乐作品。他们通过举办音乐会、演奏会等形式，将中国传统音乐传递到国际舞台上。这些音乐作品既继承了传统旋律，又在演奏技法和编曲上进行了创新，为国际观众呈现了一场音乐文化盛宴。

在舞蹈领域，许多舞蹈家将中国传统舞蹈与现代舞蹈元素相结合，创作出独具特色的舞蹈作品。这些作品通过国际舞蹈节、文化交流活动等途径，将中国传统舞蹈的魅力传递给世界各地的观众。

通过艺术展览、文学作品、音乐演奏和舞蹈表演等方式，创作者们在国际舞台上积极地传播着中华传统文化。他们创作的作品不仅传承了传统文化的经典之美，更在创新中赋予了文化新的生命力。这种独特的创作方式为国际观众提供了更为丰富的文化体验，拉近了不同文化之间的距离，促进了国际文化的交流与融合。通过这些创作者的努力，中华传统文化在国际上的影响力得到了进一步扩大。

三、旅游者和文化游客

中华传统文化在国际旅游中的角色愈发重要。越来越多的人选择前往中国，追求一场深度的文化体验。这一趋势不仅促进了国际游客对中华传统文化的认知，同时也使得传统文化在国际上得到更为广泛的传播。

中国作为一个拥有悠久历史和丰富文化遗产的国家，吸引了大量的国际游客。其中，对中华传统文化的浓厚兴趣成为很多游客选择来华旅游的主要原因之一。游客们渴望亲身感受千年古城的宏伟，参观博大精深的博物馆，体验丰富多彩的传统节庆，以更全面的方式了解中华传统文化。在古老的建筑中，游客们仿佛穿越时光，置身于历史的长河中。著名的文化遗产，如故宫、长城等，不仅是中国历史文化的见证者，更是传统文化的集中体现。游客们在这些古老而宏伟的建筑中，能够深刻感受到中华传统文化的厚重与深远。博物馆是国际游客了解中华传统文化的重要场所。中国的博物馆收藏着大量的珍贵文物，涵盖了历史、艺术、手工艺术等多个方面，游客们可以通过博物馆中的文物展览，了解到古代中国人的智慧、艺术造诣以及传统工艺的独特之处。

传统节庆也成为国际游客感受中国文化的独特途径。无论是春节的传统庆祝活动，还是中秋节的赏月活动，这些传统节庆不仅为游客提供了欢乐的时刻，更让他们深切感受到中国人民传统文化中对家庭团聚、共享天伦之乐的重视。在这些节庆中，游客们有机会参与到传统的民俗活动中，感受到中华传统文化的独特魅力。旅游节目、文化体验活动、传统手工艺品等，都是国际游客感知传统文化的窗口。这些形式多样的文化体验不仅满足了游客对中华传统文化的好奇心，也让他们深陷其中，感受到文化的魅力。

通过国际游客的亲身体验，中华传统文化得以在全球范围内传播。游客成为文化的传播者，其在回国后会分享在中国旅游的丰富体验，将中华传统文化传播到更远的地方。这种口碑式的传播方式更为直接且具有感染力，使得中华传统文化在国际上的知名度逐渐提升。

因此，中华传统文化在国际旅游中扮演着不可替代的角色。通过游客们的亲身体验，中华传统文化在国际上得以深入人心，为不同文化之间的交流搭建了桥梁，进一步推动了中华传统文化的国际传播。

四、文化爱好者和志愿者

文化爱好者对中华传统文化表现出浓厚的兴趣，他们自愿参与文化传播活动，通过文化交流项目、志愿服务等方式积极弘扬和传播中华传统文化。这个群体的参与不仅丰富了文化传播的形式，也为中华传统文化在国际上的传播提供了更为广泛而深入的支持。这些文化爱好者通过文化交流项目深入了解中华传统文化。他们可以选择参加文化交流项目，如中文学习班、传统艺术体验营等，更全面地了解中华传统文化的内涵。例如，在一些国际城市，设有专门的中文学习机构，吸引着对中国文化感兴趣的人报名学习中文，从而深入了解中国的传统文化。这样的学习体验不仅提升了他们的语言能力，也让他们更加亲近和理解中华传统文化。

他们还可以通过志愿服务参与文化传播，为中华传统文化的推广贡献力量。一些志愿者可能选择在中文学校、文化机构等地进行志愿服务，担任中文教师、文化传播助手等角色，通过自己的实际行动为中华传统文化的传播出一份心力。例如，在一些国际性的中文学校，有不少外国人充当志愿者，协助学生学习中文，同时向他们介绍中国的传统文化。这种志愿服务不仅为当地学生提供了更多学习资源，也促进了中华传统文化在社区中的传播。

这些志愿者会通过参加中文演讲比赛、传统文化展览等活动，向其他人展示中华传统文化的独特之处。例如，在一些国际大学，会组织中文演讲比赛，以吸引众多外国学生积极参与，他们会通过演讲的形式表达对中华传统文化的理解和喜爱。这种形式的文化交流活动不仅为他们提供了展示才艺的机会，也在全球范围内促进了不同文化之间的相互理解。

志愿者的自愿参与表明他们对中华传统文化有着浓厚的兴趣。他们可能是艺术家、学者、专业人士，也可能是普通市民，但他们共同的特点是热爱中华传统文化，愿意通过自己的方式为文化的传播尽一份力量。这种自发性的参与不仅为中华传统文化在国际上的传播注入了更多生机，也为文化交流提供了更为多元的表达方式。在数字化时代，这个群体的参与也可以通过在线平台得到更好的展现。他们可能在社交媒体上分享自己的中文学习心得、文化体验。这样的在线参与不仅能够拓展文化传播的渠道，也能够吸引更多国际受众的关注和参与。

志愿者的自愿参与为中华传统文化在国际上的传播提供了有力的支持。通过文化交流项目、志愿服务、文化交流活动等方式，他们深入了解和传播中华传统文化，为推动不同文化之间的交流互鉴作出积极的贡献。他们的参与不仅是对中华传统文化的热爱表达，也是全球文化多元性共融的一部分。

五、在线平台用户

在数字化时代,社交媒体、在线教育平台等已经成为广大受众获取文化信息的主要途径。通过这些在线平台,中华传统文化得以接触更广泛的全球受众,无论是学生、职场人士还是普通文化爱好者,都能够通过互联网深入了解和体验中国文化的丰富而深厚的文化遗产。

在全球范围内,各种社交媒体平台如 Facebook、Instagram、Twitter 等成为人们分享生活、观点和文化的主要场所。在这些平台上发布的与中华传统文化有关的内容,包括传统艺术、历史故事、文学作品等,可以迅速传播到全球各地,引起国际人民的广泛关注。例如,一些艺术家和文化机构在社交媒体上分享中国传统绘画作品、音乐表演等短视频,通过生动的形式吸引国际受众,激发他们对中华传统文化的兴趣。在线教育平台为中华传统文化的学习提供了便捷途径。越来越多的学生通过在线教育平台学习中文、了解中国文化。一些知名的在线学习平台,如 Coursera、edX、汉语水平考试(HSK)官方网站等,都提供了丰富的中文课程,涵盖语言、历史、文学、艺术等多个方面。这些课程由优秀的教育机构和教师提供,通过在线学习,学生能够在全球各地轻松获取中华传统文化的知识,从而推动中文教育的国际化发展。

综上所述,在这个数字化时代,通过社交媒体、在线教育平台等,中华传统文化能够以更为生动、立体的形式呈现在全球受众面前。这种全新的传播方式不仅为文化的传承注入了新的活力,也使得中华传统文化在国际上的传播更加深入人心。通过互联网这一便捷的传播媒介,中华传统文化能够更好地走向世界,促进文化多元性的共融,为全球文化交流创造更为宽广的平台。

第五章 "一带一路"倡议下的中华传统文化国际化发展

第一节 "一带一路"倡议下的中华传统文化国际化发展背景和目标

一、"一带一路"倡议下的中华传统文化国际化发展背景

"一带一路"倡议是中国提出的全球性合作倡议。在"一带一路"倡议的背景下,中华传统文化国际化发展不仅是中国文化的输出,更是对丰富全球文化多样性作出贡献。通过这一倡议,中华传统文化在国际舞台上展现出更为丰富、包容的一面,为促进不同文明之间的对话、交流、共融发挥了积极作用。

（一）文化交流的需求

"一带一路"倡议的提出,标志着中国与"一带一路"共建国家之间将有更多的经济、政治交流,这也必然伴随着文化交流的增加。在这个过程中,中华传统文化成为连接不同文明的纽带,满足各国对了解、学习中国文化的需求。

1.文化是"一带一路"倡议中不可或缺的一环

随着中国与"一带一路"共建国家在经济、科技等领域的合作日益深化,文化交流成为增进双方相互理解与友谊的桥梁。中华传统文化因其悠久的历史、深厚的内涵,

在这一进程中发挥着独特的作用。通过文艺、语言、哲学等多个层面的交流，中国与共建国家之间的文化纽带更加紧密，增进了各国人民对中国文化的认知。中华传统文化在"一带一路"框架下促进了多元文明的对话与共融。不同国家拥有独特的文化传统，而"一带一路"倡议将这些文化融为一体。中华传统文化因其包容性和开放性，成为连接各国文明的纽带，各国文化在这一平台上相互交流、相互影响，共同促进多元文明的共融。

2."一带一路"倡议对中华传统文化的国际传播起到了重要的推动作用

在这个全球合作的背景下，中国的艺术家、作家、学者等更加积极地参与国际文化交流。例如，在文学领域，越来越多的中国作家的作品被翻译成不同语言，并在国际上广泛传播，这使得中华传统文学的独特魅力得以在全球范围内展现。语言是文化交流的桥梁，而中文作为汉字文化的载体，逐渐受到关注。汉字的艺术性和独特形态在国际设计、艺术领域中也产生了影响。"一带一路"倡议的实施，使得中华传统文化在国际上的传播不再局限于特定领域，而是在各个层面上都呈现出多元化的发展趋势。传统的文化艺术形式，如京剧、昆曲等，在国际舞台上崭露头角，吸引了众多观众。与此同时，中华传统的书法、国画等艺术形式也在国际上获得了更大的关注。

"一带一路"倡议下的文化交流不仅仅是传统文化的单向输出，更是促进了国际文化对中国的认知。各国通过与中国的交往，更深刻地了解了中国的历史、价值观念、社会制度等方面。这种相互了解有助于打破文化隔阂，促使各国在尊重彼此差异的同时实现文化的共赢。

（二）文化自信的推动

近年来，中国强调文化自信，倡导对中华传统文化的传承和发扬。在"一带一路"倡议中，通过展示中华传统文化，中国不仅传递了对自身文化的自信心态，还提升了在国际舞台上的文化软实力。

文化自信是一个民族、一个国家以及一个政党对自身文化价值的充分肯定和积极践行，并对其文化的生命力持有的坚定信心，其是一个国家在全球化进程中展示自身独特文化价值观的表现形式。中国一直在积极倡导文化自信，强调传承和弘扬中华传统文化的同时，注重在国际舞台上展示中国文化的独特魅力。这一理念在"一带一路"

倡议中得到了充分体现。"一带一路"倡议旨在促进"一带一路"共建国家的经济合作与文化交流。在这一框架下，中国通过积极展示中华传统文化，不仅展现了自身文化的博大精深，也促进了"一带一路"共建国家之间的文化交流与共享。这一过程不仅为中国在国际舞台上树立了更为自信的形象，同时也拓宽了国际社会对中国文化的认知与理解。

中华传统文化的丰富内涵在"一带一路"合作中发挥了重要作用。中国将传统文化元素融入对外合作的各个领域，通过文艺演出、文化展览、传统工艺展示等形式，向参与"一带一路"的国家展示中华传统文化的多样性。例如，在对外合作中，中国经常组织传统戏曲、音乐、舞蹈等艺术团队进行巡演，让更多国家的人民近距离感受中国传统艺术的魅力。通过与"一带一路"共建国家开展文化交流，中国不仅分享了传统文化的经典之美，还提升了"一带一路"共建国家对中国文化的兴趣与热爱。这种文化交流不仅仅是艺术表演的传播，更包括中华传统文化的思想、价值观的传递。例如，中国的儒家思想、道家哲学等在文化交流中逐渐为"一带一路"共建国家所了解，为国际社会提供了一种不同于西方文化的思考方式。在"一带一路"倡议中，中国也注重传统文化在国际合作中的应用。

（三）人文交流的促进

"一带一路"倡议作为中国在国际舞台上的重要战略，强调的不仅是经济合作，更是人文交流。通过推动中华传统文化的国际化，加强与"一带一路"共建国家的人文交流，不仅有助于增进相互理解，消除文化隔阂，还能为合作关系打下更加深厚的文化基础。

中华传统文化的国际传播为"一带一路"共建国家提供了了解中国的窗口。中国几千年的历史孕育了丰富多彩的传统文化，包括儒家思想、道家哲学等。通过文艺演出、展览、研讨会等多种形式，中国向"一带一路"共建国家展示了这些传统文化的独特魅力。例如，在一些重要的国际文化活动中，中国会组织传统艺术家进行演出，向世界展现中国的京剧、昆曲、国画等传统艺术的高超之处，使"一带一路"共建国家的人们更加深入地了解中国文化的博大精深。通过人文交流，中华传统文化为各国提供了丰富的文化资源。传统工艺、中医药、茶文化等元素都是中华传统文化的重要组成部分,而这些元素在与沿线"一带一路"共建国家的交流中发挥了积极作用。中国积极推动中医药的国际合作与传播,为"一带一路"共建国家提供了更多的健康保健选择。传统工艺在文化交流中得以传承与创新,不仅为各国提供了一扇了解中华传统文化的窗口,也促进了各国之间在文化领域的合作。

加强人文交流有助于建立更加深厚的文化基础。文化交流不仅仅是一时的展示,更是为各国民众提供更多共鸣点、交流平台的过程。通过学术研究、文化艺术交流、青年交流等方面的努力,各国人民能够更好地理解对方的文化传统、生活方式,从而建立起更加深刻的友谊。例如,举办中外学者论坛、艺术家交流计划等项目,通过直接面对面交流,促使各国人民更好地理解中华传统文化,也为"一带一路"共建国家的合作提供了更为牢固的文化支持。通过"一带一路"倡议,中国积极推动"一带一路"共建国家之间的文明互鉴,不仅促进了中华传统文化的传播,也吸纳了各国的文化元素,实现了文明间的交融。这种多元共生的理念有助于形成更加和谐、包容的国际社会。

(四)地区一体化的需求

推动中华传统文化的国际化,对于提高中国与"一带一路"共建国家在文化领域的融合能力有着重要的意义。这种文化的共同认同不仅有助于地区内各国形成更为紧密的合作共同体,同时也促进了地区一体化的进程。

1.中华传统文化的国际化有助于增强"一带一路"共建国家的文化认同感

作为一个具有悠久历史和深厚底蕴的文化体系,中华传统文化在不同国家之间形成了共通的价值观和理念。这种共通的文化基础为各国人民提供了相互理解的桥梁,加深了彼此之间的情感纽带。通过文化认同,"一带一路"共建国家更容易形成紧密的合作关系,建立起更为稳固的合作基础。中华传统文化的国际化促进了文化多样性的尊重与包容。"一带一路"共建国家涵盖了丰富多样的文化传统,而中华传统文化的国际传播在尊重其他文化的同时,也为各国提供了展示自身独特文化的机会。这种文化的多元性有助于构建一个开放包容的地区文化环境,使各国在共享文化成果的同时保持各自的文化个性,从而形成更为丰富、多元的地区文化格局。

2.中华传统文化的国际化有助于强化地区内文化交流的深度和广度

通过艺术、音乐、文学等多种文化形式的交流,各国人民能够更深刻地了解彼此的文化,从而促进人文交流的繁荣。这种深度的文化交流有助于打破地缘政治的隔阂,促使"一带一路"共建国家形成更为紧密的人际网络,为政治、经济等领域的合作提供更加有力的支持。中华传统文化的国际化推动也激发了地区内创意产业的发展。文化创意产业的兴起,使得各国可以将自身的文化元素融入创意产品中,推动了地区内创意产业的繁荣。这种文化创意的交流与合作不仅丰富了文化产业的内涵,也为各国经济的可持续增长提供了新的动力。

3.中华传统文化的国际化有助于形成共同的文化软实力

应该努力推动中华传统文化在国际上的传播,促使"一带一路"共建国家共同打造一个具有国际影响力的文化品牌。这种文化软实力的集聚有助于提升整个地区在全球文化舞台上的地位,吸引更多目光,为地区的整体形象赢得更多的赞誉。推动中华传统文化的国际化在"一带一路"倡议下不仅加强了"一带一路"共建国家在文化领域的融合能力,也促进了地区一体化的进程。这种文化认同感、文化多样性的尊重与包容、深度与广度的文化交流、创意产业的繁荣以及共同的文化软实力,使得"一带一路"共建国家在文化领域形成了更为紧密的合作关系,为地区的繁荣与发展奠定了坚实的基础。

二、"一带一路"倡议下的中华传统文化国际化发展目标

中华传统文化在"一带一路"倡议下的国际化发展旨在通过文化交流,增进各国之间的相互理解和友谊,促进全球文明的多元共融,为构建人类命运共同体提供文化支撑。为实现这些目标,中华传统文化在国际舞台上需要发挥更为积极、丰富的作用。

(一)加深文化认知

通过"一带一路"合作框架,推动中华传统文化在参与国家和地区的认知深度,使更多国家的人们了解、尊重和欣赏中华传统文化,建立起共同的文化认同。

"一带一路"合作框架为中华传统文化的传播提供了更为广泛的平台。通过参与国家之间的政治、经济、文化合作，中华传统文化有机会在不同层面展现其丰富的内涵。各国可以通过文化节、艺术展览、传统工艺展示等方式，向当地民众深入介绍中华传统文化的精髓。这种全方位的文化呈现有助于提高参与国家和地区对中华传统文化的认知深度，让更多人了解其中蕴含的智慧、价值和美学。

"一带一路"合作框架促使中华传统文化在国际舞台上更加深入地参与多元文化的对话。在合作过程中，各国文化相互交流，形成了一种文明的共生共荣。中华传统文化因其博大精深、包容性强的特点，在这个过程中能够更好地与其他文化互通有无。通过国际性的文化交流活动，中华传统文化有机会融入全球文明的潮流，为各国民众提供更为广泛的选择。

"一带一路"合作框架有助于加深参与国家对中华传统文化的认知深度，使之从传统走向现代。在全球化的进程中，传统文化需要适应当代社会的发展，找到融合创新的路径。通过合作，各国可以共同探讨文化的现代发展之路，推动其更好地适应当今社会的需求。例如，在数字化时代，可以通过在线平台推广传统文化，让更多人能够随时随地了解、学习和体验中华传统文化。

"一带一路"合作框架促进了中华传统文化在参与国家和地区的创新传承。各国在合作中可以共同研究传统文化的保护与传承，找到更加符合当地实际的方法。这既有助于传统文化的保护，也为其在现代社会中的传承提供了更为新颖的途径。例如，在文化创意产业的合作中，可以通过将传统元素融入当代设计，推动传统工艺的创新发展。

"一带一路"合作框架使中华传统文化成为构建共同文化认同的纽带。通过共同参与合作项目，各国人民在实践中建立了共同的价值观和文化认同。这种文化认同不仅有助于增进国家间的友谊，也为更深层次的合作奠定了基础。中华传统文化在这个过程中成为连接各国人民心灵的纽带，促使"一带一路"共建国家共同分享文化带来的精神红利。

（二）促进文化交流

在"一带一路"共建国家之间倡导更广泛、深入的文化交流，是中华传统文化国际传播的一项重要战略。通过展览、文化节、艺术交流等多种方式，加强各国之间的人际关系，深化文化交流，不仅有助于增进相互了解，也能促进文明互鉴，建立更加紧密的人文纽带。通过举办文化展览，各国能够更直观地感受到对方的文化底蕴。文化展览是一种突破语言障碍的方式，能够以视觉、听觉等多种方式展现文化的独特魅力。例如，参与"一带一路"的国家可以轮流举办主题展览，介绍各自国家的传统艺术、手工艺、历史文化等方面的特色。通过展览，观众不仅可以欣赏到多样化的文化表达形式，还能够了解文化传承的深厚历史。

　　文化节是国家之间深入交流的有效途径。通过举办文化节，各国能够在一个较为宽松、欢快的氛围中进行交流。这种方式不仅有利于促进文化的传播，还有助于加深对对方国家的整体了解。在"一带一路"共建国家间，可以组织音乐、舞蹈团体进行巡回演出，展示各国独特的艺术风格。这不仅为观众提供了欣赏的机会，也促进了艺术家之间的创作互动，为文化传播搭建了平台。

　　文学作品、影视作品也是国家之间进行深度文化交流的重要方式。可以通过翻译、联合制作等方式，推动文学作品、影视作品在不同国家之间的传播。这不仅有助于各国人民更好地理解对方国家的文学艺术，也拓宽了文艺作品的国际市场。通过这些多样化的文化交流方式，"一带一路"共建国家能够在互学互鉴中建立更紧密的人际关系。这种人际关系的深化不仅有助于消解文化间的误解和偏见，也为未来的经济、政治等方面的合作奠定了更为坚实的基础。加强文化交流，促进相互了解，不仅有助于推动中华传统文化的国际传播，也能为构建更加和谐的国际社会作出积极贡献。

（三）推动文化创意产业

　　中华传统文化的丰富元素为文化创意产业提供了无尽的灵感和素材。借助这些元素进行创新性的设计和表达，不仅可以打造具有中华传统文化特色的文创产品，还能够拓展文化产业在国际市场的份额。传统工艺是中华传统文化的瑰宝，其独特性也为文创产业提供了创意。通过将传统工艺融入现代设计，可以创造出独特的文创产品。例如，一些设计师将中国传统的丝绸、刺绣、雕刻等工艺融入时尚设计中，创造出既有现代感又富有传统文化底蕴的服装、配饰。这种创意不仅弘扬了传统工艺，也满足了当代消费者对于独特品位的追求。

中国传统绘画和书法等艺术形式也成为文创产业的创意源泉。通过将经典的山水画、花鸟画等元素融入设计中，可以打造出具有浓厚文化底蕴的文创产品。例如，一些文创企业推出以古代绘画元素为基调的文具、家居用品，通过现代制作工艺展现了传统绘画的优雅和韵味。这种结合传统艺术的创意设计不仅传承了文化传统，也为传统艺术注入了新的时代气息。中国传统的神话故事、历史传说等也是文创产业创作的重要素材。通过将这些故事进行现代演绎，可以创造出具有独特文化魅力的文创作品。例如，一些动漫、电影以中国古代神话为题材，通过现代的表现手法呈现出精彩的视觉效果，吸引了国际观众的关注。这种结合传统故事的文创作品既激发了观众对传统文化的兴趣，也为这些故事注入了新的生命力。

（四）推动教育合作

"一带一路"倡议对促进中华传统文化在各级教育中的传承和发展具有重要意义。通过开展中文教育、中华传统文化教育项目，可以培养更多对中华传统文化感兴趣的学生，推动国际中文教育的发展。

"一带一路"倡议为中华传统文化在全球各级教育中的传承提供了广阔平台。在参与的国家和地区，通过合作项目、文化交流活动，可以将中华传统文化引入各级教育体系。例如，在中小学阶段，可以通过课程设置、文化活动等方式，使学生更好地了解和体验中华传统文化。在高等教育阶段，可以通过设立相关专业和研究机构，深入挖掘中华传统文化的深层内涵，培养更多专业人才。

在"一带一路"共建国家，应努力推动中文教育项目的开展，为当地学生提供学习中文的机会。这不仅有助于加深他们对中华传统文化的了解，也为日后的文化交流打下基础。同时，这也促使相关国家加强对中文教育师资的培训，提高教学质量，形成更为健全的中文教育体系。

国际中文教育项目，能够促进中华传统文化的国际传播。在"一带一路"合作框架下，可以推动各种中文角、中文学校的设立，为当地居民提供更为便捷的学习途径。这种身临其境的学习体验有助于学生更好地理解和融入中华传统文化。同时，这也为中文教育在全球范围内的推广提供了更为广泛的渠道。"一带一路"框架下的中文教育项目也为参与国家和地区培养了更多的中文教育专业人才。在推动中文教育的过程中，需要专业的师资队伍，包括语言教学、文化传承等方面的专业人才。通过设立相关培训项目、学术交流等，可以提高参与国家的中文教育师资水平，推动中文教育事业的全球化发展。

"一带一路"框架下的文化交流活动也有助于打破语言壁垒，促进不同国家学生之间的交流与合作。通过共同学习中文、了解中华传统文化，学生可以更加深入地交流，增进友谊，为未来的国际合作奠定良好的基础。这也是通过教育传承中华传统文化，实现文明互鉴的一种方式。"一带一路"框架下，通过开展中文教育和中华传统文化教育项目，有助于在全球范围内推动中华传统文化在教育中的传承和发展。这不仅有益于提升中文教育的国际水平，也能为各国学生提供更多了解、尊重和欣赏中华传统文化的机会，促进文明交流互鉴的进程。

（五）共同繁荣

文化合作作为一种强有力的纽带，正在成为沿"一带一路"地区，国家和地区之间实现共同繁荣的关键因素。深化文化交流，搭建多领域合作的桥梁，不仅有助于促进经济、科技、教育等多个领域的合作，也为各方实现互利共赢创造了良好的条件。

文化合作为不同国家和地区提供了更深层次的了解与沟通的机会。在全球化的浪潮下，各国之间的文化差异往往成为互相理解的障碍。通过文化合作，各方可以通过共同的文化项目、艺术展览、文化节庆等活动更好地了解对方的历史、传统、价值观等。这种深入的文化了解有助于建立相互尊重、平等相待的关系，为未来更广泛的合作奠定坚实的基础。文化交流为各国提供了共同合作的平台。通过合作举办文化活动、艺术展览、学术研讨等，使各国能够共同参与其中，促进更多国家融入合作的大家庭中。例如，"一带一路"共建国家或地区可以共同策划和举办艺术节、电影节、文学节等活动，吸引各方参与，推动文化领域的合作深入发展。这种合作不仅拉近了各国之间的距离，也为经济、科技、教育等其他领域的合作搭建了沟通的桥梁。

文化合作促进了"一带一路"共建国家和地区在经济领域的互利共赢。文化交流的深化常常伴随着旅游、贸易等经济活动的增加。例如，通过合作举办文化节庆、推动共同研究项目等，各国能够吸引更多的游客、投资者，推动文化产业的发展。同时，文化产业的繁荣也为相关产业链带来增长，实现了经济上的互利共赢。"一带一路"

共建国家和地区通过共同发展文化产业，不仅促进了就业，也为全球市场提供了更多丰富多彩的文化产品。

文化合作为科技创新提供了有力的支持。在文化领域的合作中，科技的创新也是不可忽视的一部分。例如，在文化数字化、虚拟现实、文化遗产保护等方面，各国可以共同进行科研合作，分享技术成果。这种科技合作不仅推动了文化产业的现代化发展，也促进了科技创新的跨国交流。通过科技创新，各国可以更好地应对共同面临的挑战，实现在科技领域的共同发展。文化合作有助于构建更加紧密的人文纽带。在全球化进程中，文化交流是增进人与人之间联系的有效途径。通过文化合作，各国不仅能够增进政府之间和企业之间的联系，也能够促进民间交往，加深人民之间的友谊。这种紧密的人文联系有助于增强各国之间的互信，推动更多实质性的合作。

文化合作作为一种促进共同繁荣的重要手段，在"一带一路"共建国家和地区具有特殊的意义。通过深化文化交流，各国能够更好地理解对方，建立起互利互惠的关系。在各领域的合作中，文化合作不仅促进了经济、科技、教育等多个领域的互动，也为构建更加和谐的国际社会作出了积极贡献。

（六）推动旅游业发展

利用中华传统文化的魅力，吸引更多国际游客前来体验和学习，通过文化旅游的推动，促进"一带一路"共建国家和地区的旅游业共同发展，是一项具有深远影响的战略。

中华传统文化作为独特的文化资源，拥有丰富的历史、艺术、哲学内涵，具备强烈的吸引力。通过将传统文化元素融入旅游体验中，可以为国际游客提供一场别具韵味的文化之旅。例如，古老的建筑、传统的手工艺品、丰富多彩的传统节庆等元素都能成为游客感受中华传统文化魅力的窗口。这样的文化旅游不仅能让游客亲身体验传统文化，也促使他们对中国文化有更加深入的了解。中华传统文化的推广有助于构建"一带一路"共建国家和地区的文化旅游合作网络。通过在合作中共同开发文化旅游产品、组织文化交流活动，各国可以实现文化资源的共享和互补。例如，在联合举办传统文化节、推动共同旅游线路的基础上，各国共同推动文化旅游产业的繁荣，提高共建国家的旅游吸引力。这种形式的合作不仅有助于增加各国旅游业的收入，也促进了区域内的文化交流与融合。

通过推动中华传统文化的国际化传播，可以培养更多具备专业知识的文化导游和解说员。这些专业人才能够为国际游客提供更为深入、丰富的文化解读，使他们更好地了解中华传统文化背后的故事。在旅游过程中，专业的文化导游不仅能为游客提供导览服务，还能通过讲解、互动等形式，让游客更好地融入传统文化的氛围。中华传统文化的推广也能够激发"一带一路"共建国家和地区的文化创意产业发展。通过将传统文化元素融入手工艺品、设计、演艺等领域，创造具有独特文化内涵的产品和体验，吸引更多游客。这不仅为"一带一路"共建国家提供了文化创意产业的新动能，也为国际游客带来更为多样化和独特的文化消费体验。

在文化旅游的过程中，中华传统文化还能够为游客提供深度学习的机会。例如，设置文化体验课程、工作坊，让游客亲自参与传统技艺的学习，加深对传统文化的理解和感受。这种形式的旅游体验既让游客在玩乐中学到知识，又让他们留下深刻的文化记忆。例如，在旅游目的地建设文化交流中心、博物馆等设施，为游客提供更为系统的文化展示和解读，使其更好地了解中华传统文化的精髓。这种文化设施的建设有助于提高旅游目的地的吸引力，使其成为国际游客深度游览的目标。

文化旅游的推动，能促进"一带一路"共建国家和地区的旅游业共同发展。中华传统文化的吸引力既能够带动国际游客的增加，也能够拉动相关产业的繁荣。例如，餐饮、住宿、交通等相关服务业都将在文化旅游的推动下迎来更大的发展，从而带动就业、提高人民生活水平。

（七）加强国际合作机制

建立更加健全的文化合作机制，加强"一带一路"共建国家和地区在文化领域的长期合作，是促使中华传统文化在全球范围内传播和传承的关键措施。

建立健全的文化合作机制对"一带一路"共建国家和地区在文化领域的长期合作至关重要。这需要在政府层面设立文化合作机构，制定长期的合作规划和政策，明确合作目标和方向。通过政府间的合作机制，各国可以在文化资源共享、交流项目开展等方面形成更为紧密的合作网络。例如，可以通过签署文化合作协议、设立文化交流基金等方式，为文化领域的合作提供政策和经济支持，确保长期稳定的文化交流。推动建立国际文化交流平台是实现文化合作的有效途径。这样的平台可以提供一个开放、共享的空间，让各国文化机构、艺术家、学者等多方参与者在此交流合作。平台的建设可以涵盖线上线下多个维度，包括线上数字化展览、文化论坛、线下交流活动等。通过这样的国际平台，各国可以更加便捷地分享自己的文化资源，了解他国的传统文化，促进文化的多元对话和共融。加强中华传统文化的国际交流平台，需要各国积极参与和贡献。这不仅包括政府的支持，还需要广泛动员社会各界的力量。例如，可以设立国际文化交流奖项，表彰在中华传统文化传播中作出杰出贡献的个人和组织。通过这样的激励机制，鼓励更多人投身到中华传统文化的推广中，形成更为广泛的文化交流合作网络。

建立国际文化交流平台需要借助现代科技手段，充分发挥数字化时代的便利性。通过搭建在线文化交流平台，可以使各国文化资源在全球范围内得以快速传播。这样的平台包括线上数字化展览、虚拟文化体验、在线文化课程等，它们可以为国际社会提供更为便捷和多样化的文化互动方式。在推动中华传统文化国际交流平台的建设中，应强调平等和互惠原则，确保各国在平台上的地位和权益均衡。这可以通过设立国际文化交流组织、制定共同的交流准则等方式来实现。通过这样的平台建设，各国文化机构和从业者可以更好地合作，共同推动中华传统文化的传播，促进全球文化多样性的发展。

（八）提升文化软实力

中华传统文化的国际传播是中国提高国际文化软实力的重要途径之一。通过在文艺、影视、音乐等领域的输出，中华传统文化在国际上逐渐成为中国更具吸引力和竞争力的文化资源。这种传播方式既拓展了国际社会对中国文化的认知，也为中国在国际舞台上赢得了更多的尊重和支持。

文艺作品作为中华传统文化的重要承载者，通过创作和展示，使传统文化更具现代表现力。将中国现代的文学、舞蹈、戏曲等文艺形式融入传统元素，能创作出许多既传承了古老传统，又具有现代审美的作品。例如，在小说领域，一些作家通过描绘历史故事、传统风情，展现了中华传统文化的博大精深。这些作品被翻译成多种语言，传播到世界各地，为国际读者提供了深入了解中国文化的窗口。影视作品在中华传文化国际传播中发挥着重要的引领作用。制作具有中华传统文化元素的影视作品，能够吸引全球观众的关注。影视剧等作品，通过精湛的制作和深刻的文化内涵，成功地传递了中华传统文化的精髓。这些作品在国际上赢得了许多奖项，成为中国文化软实力的杰出代表。

第二节 "一带一路"倡议下中华传统文化国际化发展的发展路径

在"一带一路"倡议的推动下，中华传统文化的国际化发展呈现出多层次、多方面的发展路径。这一发展路径主要涵盖了文化交流、文化产业、旅游业、教育合作等多个方面。

一、文化交流的合作

（一）多边文化交流

在"一带一路"共建国家和地区，各国纷纷加强文化交流，通过共同举办艺术节、文化展览、庆典等活动，积极展示中华传统文化的独特魅力。这一多边文化交流的举措不仅为各国人民提供了共享文化盛宴的机会，更推动了中华传统文化在国际上深入传播，促进了不同文明之间的互鉴。

艺术节的举办成为各国文化交流的窗口。例如，在中亚地区，各国共同策划并举办了"一带一路"国际艺术节。该艺术节包含了舞蹈、音乐、戏剧等多种艺术形式，不仅展示了各国丰富多彩的文化传统，也融入了中华传统文化元素，如传统音乐器乐的演奏、中国传统舞蹈的表演等。这样的活动不仅吸引了当地观众，也吸引了国际艺术家和文化爱好者，从而为中华传统文化在这一地区的传播搭建了平台。

举例来说，在东南亚国家，各国文化机构合作举办了"一带一路"文化艺术展。这一展览集结了中华传统绘画、工艺品、古籍、书法等多种文化元素，通过图文并茂地展示，向观众呈现了中华传统文化的博大精深。这不仅让当地观众近距离感受了中国文化的独特魅力，也为中华传统文化在东南亚地区的传播拓展了更广阔的渠道。庆典活动的举办是国际文化交流的一大亮点。在中东地区，"一带一路"文化节成为了年度盛事，各国纷纷参与其中。这个庆典集结了中亚、中东地区的传统音乐、舞蹈、美食等元素，为当地居民和外国游客提供了一个近距离了解中华传统文化的机会。例如，在这个文化节的音乐表演中，中国传统乐器如古筝、二胡等与当地传统乐器合奏，形成了一场富有民族特色的音乐盛宴，为文化的互鉴注入了新的动力。

文化交流还在丰富着世界各国的博物馆和文化机构的馆藏。在欧洲，"一带一路"国际博物馆交流计划推动了中华传统文化艺术品的巡回展览。这些展览不仅有助于欧洲观众深入了解中华传统文化的瑰宝，也为中华传统文化在国际博物馆中的展示提供了更多机会。进一步来看，这些多边文化交流活动不仅仅展示了中华传统文化的独特之处，更激发了各国文化创意的合作潜力。例如，在亚太地区，"一带一路"电影周成了电影产业的盛事，各国导演通过电影作品传递文化价值观，其中融入了中华传统文化的元素，推动了文化的跨国传播。

各国通过举办艺术节、文化展览、庆典等多边文化交流活动，促进了中华传统文化在"一带一路"沿线地区的更深入传播。这些活动为文明的互鉴搭建了桥梁，拉近了不同国家、不同文化之间的距离，为构建人类命运共同体注入了更多文化的力量。

（二）双边文化合作

建立与沿线国家的双边文化合作机制，是中华传统文化国际传播的一项战略性举措。通过与各国共同合作，联合制作跨国性的文艺作品、电影、纪录片等，不仅可以以更直观、生动的方式向世界展示中华传统文化的精髓，还有助于促进文化互鉴、加深友谊，共同推动文明的繁荣与发展。通过联合制作文艺作品，能够更好地展示中华传统文化的内涵。文艺作品，如戏曲、音乐、舞蹈等，是传承中华传统文化的重要形式。通过与沿线国家进行合作，可以融合各国独特的文化元素，创作出融合多元文化的作品，既能传递中华传统文化的深厚内涵，又增加了国际观众的兴趣。这种合作方式能够通过艺术的形式，更生动地向世界展示中华传统文化的独特魅力，促使更多国家对中国文化产生浓厚兴趣。

联合制作电影和纪录片也是一种有效的方式，可以将中华传统文化呈现得更为全面深刻。通过电影的叙事手法和纪录片的表现形式，可以生动展现中华传统文化的历史渊源、发展演变和独特之处。通过与沿线国家的合作，可以吸引更多的国际制片人、导演和艺术家，共同借助电影艺术的表达方式，向世界展示中华传统文化的魅力。这不仅有助于推动中华传统文化在国际上的传播，还能够促进文化之间的交流，增进各国之间的相互理解。在电影和纪录片的合作中，更可以探索和弘扬中华传统文化的价值观和精神。例如，通过讲述古代传统文化中的英雄故事、智慧传承等题材，可以向世界传递中国文化中关于仁爱、孝道、忠诚等核心价值的深刻内涵。这不仅有助于塑造中华传统文化在国际上的正面形象，还能够激发全球观众对这些价值观的共鸣和认同，促使文化的融合和共生。

跨国性的文艺作品、电影、纪录片的制作也可以促进人才的互通互学。通过合作，各国的创意人才能够共同参与项目，借鉴彼此的经验和技艺，实现文化的相互启迪。这种人才交流有助于拓展创作思路，提升作品质量，同时也推动了中华传统文化在国际上的创新和发展。文化合作也可以在教育领域开展，通过与沿线国家的高校和研究机构建立合作项目，探讨中华传统文化的研究和传承等问题。这样的合作有助于培养更多对中华传统文化感兴趣的国际人才，推动学术研究的深入发展。同时，通过学术交流，可以促进文化理念的传播，形成更为广泛的文化共识，加深中华传统文化在国际上的影响力。

与沿线国家建立双边文化合作机制，共同推动中华传统文化的国际传播，是一项全方位、多层次的工程。通过联合制作文艺作品、电影、纪录片等，可以以更丰富、多样的方式向世界展示中华传统文化的博大精深。

二、文化产业的创新与发展

(一)文化创意产业

将中华传统文化元素融入文化创意产品是一种充满创新和时尚感的做法,其不仅有助于传承中华传统文化,也为国际消费者提供了独特而富有吸引力的商品选择。这一切源于对传统文化的深刻理解和对现代审美的敏锐把握。

手工艺品是中华传统文化融入文化创意产品的重要方向之一。在手工艺品制作上,中国传统的工艺技艺展现出了独特的艺术美学,其能创造出独具特色的文化创意产品。例如,以中国传统的陶瓷工艺为基础,将传统的青花瓷元素融入现代家居用品中,如花瓶、碗盘等,这样的产品不仅保留了传统工艺的精湛技艺,还通过独特的设计表达了现代审美,深受国际市场的喜爱。服装行业也在积极融合中华传统文化元素。在国际时装舞台上,越来越多的设计师将中国传统的服饰元素巧妙地融入现代服装设计中,打破了传统和现代之间的界限。举例而言,一些设计师在高级时装秀上运用了中国传统的刺绣、织锦等工艺,将汉服元素与现代时尚融为一体,为国际时尚舞台注入了独特的东方风采。

在家居用品方面,中华传统文化元素的融入也是多种多样的。一些设计师通过挖掘中国传统的建筑风格,将其运用到家具设计中,创造出具有独特韵味的现代家居产品。例如,通过将传统的明清家具元素融入现代家具设计中,打造出既具有中华传统文化底蕴又富有现代气息的家具,满足了国际市场对于时尚、个性化的需求。

文化创意产品领域还包括珠宝首饰、"文房四宝"等多个方面。在珠宝首饰设计中,设计师经常将传统的玉石雕刻、琉璃工艺等元素融入首饰设计中,创造出精致且充满文化内涵的饰品。"文房四宝",如毛笔、墨汁、宣纸等,也在设计上注入了中华传统文学和绘画的元素,使得这些文房用品更具收藏和艺术价值。

一些企业通过参与国际性的设计展览、时尚周等活动,展示它们的文化创意产品,提高品牌知名度。同时,它们还利用社交媒体平台进行线上推广,通过讲解产品背后的文化故事,吸引更多国际消费者的关注。例如,一家以传统绣花工艺为主题的品牌,在社交媒体上发布了产品的制作过程和背后的文化寓意,引起了广泛的关注,成功吸引了一大批国际顾客。还可以与知名设计师或时尚博主合作,将文化创意产品融入时尚搭配中,通过时尚圈的影响力将产品推广给更广泛的受众。通过这些方式,文化创意产品不仅满足了国际消费者对于独特设计的需求,也为中华传统文化在国际上的传播开辟了新的渠道。

将中华传统文化元素融入文化创意产品的做法不仅为传统文化的传承提供了新的路径,也使得这些文化创意产品在国际市场上更具竞争力。通过巧妙地结合传统与现代、文化与时尚,这些产品为国际消费者呈现了一场别开生面的文化盛宴,推动了中华传统文化在当代社会更为广泛的传播。

(二)数字文化产业

在数字技术的快速发展和普及的背景下,建设虚拟博物馆和在线文化体验平台成为推动中华传统文化国际传播的一种创新方式。数字化手段,可以为国际观众提供更便捷、多样化的途径,使他们能够全方位、深入地感受中华传统文化的博大精深。这不仅能够增加文化的可及性,也能够为中华传统文化在全球范围内的传播提供新的可能性。

通过数字化的手段,可以在虚拟空间中还原、展示丰富的文物、历史遗迹和艺术品,构建一个仿佛置身于博物馆中的虚拟体验。这种虚拟博物馆的建设使得国际观众无需亲临实地,便可欣赏到中华传统文化的珍贵文物和艺术品。通过高清晰度的图像、三维模型等技术手段,观众可以近距离观赏中华传统绘画、雕塑、陶瓷等艺术品,感受传统文化的博大精深。这样的数字化展览更具互动性和沉浸感,文化传播更为生动和富有创意。

在线文化体验平台是数字技术为中华传统文化提供的又一便捷途径。通过在互联网上建设多样化的文化体验平台,国际观众可以通过在线课程学习中华传统绘画、书法、剪纸等传统技艺,亲身体验传统文化的独特魅力。这种平台不仅可以为全球观众提供随时随地的学习机会,还能够通过在线互动,促使文化学习更加生动有趣。通过数字技术的支持,这些在线平台可以不受地域限制,为更多国家的观众提供参与和了解中华传统文化的机会。

数字技术为中华传统文化的艺术呈现提供了更为先进的手段。通过虚拟现实(VR)

技术，国际观众可以沉浸式地体验传统文化的各个方面。例如，通过 VR 技术，观众仿佛身临古代宫殿、庙宇，感受传统建筑的独特魅力。在音乐和舞蹈方面，数字技术也能够提供更为精准、高质量的音频和视频体验，使观众能够更深刻地领略中华传统文化的音乐、舞蹈之美。这种数字化的艺术呈现方式，使传统文化能够以更为现代、科技化的形式走进国际舞台，吸引更多年轻人的关注。数字技术也可以为中华传统文化提供更为丰富的多媒体教育资源。数字化的教材、课程，可以使国际观众更系统地学习中华传统文化的各个方面，包括历史、哲学、文学等多个领域。数字技术的应用使得这些教育资源更具互动性和趣味性，有助于引发观众的学习兴趣，提高他们对中华传统文化的认知水平。

在数字技术的支持下，中华传统文化的国际传播不再受制于时间和空间的限制。虚拟博物馆、在线文化体验平台、数字化的艺术呈现等形式，使得传统文化能够以更为先进、多元的方式呈现在国际观众面前。通过数字技术，中华传统文化得以在世界范围内更广泛、更深入地传播，为丰富世界文化多样性作出积极贡献。

三、旅游业的发展

（一）文化旅游线路

在"一带一路"框架下，可以通过制定连接各国的文化旅游线路，将中华传统文化景点纳入其中，这样不仅加深了各国游客对中华传统文化的了解，也促使了中华传统文化在国际旅游市场上更加深入的传播。这一旅游推广模式打破了地域限制，让国际游客更全面地感受到中华传统文化的博大精深，为不同文明之间的交流提供了有力的支持。在连接"一带一路"各国的文化旅游线路中，可以通过联合举办国际性的文化旅游活动，将中华传统文化纳入其中。例如，在东南亚地区，多个"一带一路"共建国家共同举办了"丝绸之路文化之旅"活动。这一活动通过联合推广，将中国的传统文化元素融入旅游线路中，游客可以在同一行程中体验到中国传统的历史文化、艺术表演、传统手工艺品制作等多个方面，深入了解中华传统文化的丰富内涵。

在联合推广的文化旅游线路中，可以通过开发主题化的线路，突出中华传统文化的特色。以中亚地区为例，各国可以联合推出"丝绸之路古迹探访"主题线路，将中国的丝绸之路沿线的文化遗产包括敦煌莫高窟、古代丝绸之路的城市等纳入其中。通过这样的主题化线路，游客可以更有针对性地深入了解和体验中华传统文化的历史渊源，从而提高他们对中国文化的认知度和兴趣。文化旅游线路的推广还可以通过跨国性的合作项目来实现。例如，中东地区的多个国家可以合作推出"'一带一路'文化遗产之旅"项目，将中国的文化遗产与中东地区的历史文明相结合，形成一条涵盖多个国家的大型旅游线路。在这个项目中，中国的传统文化元素可以通过展览、演出、工艺品展销等多种形式呈现，吸引国际游客深度了解和体验中华传统文化。

在推广文化旅游线路的过程中，可以结合数字化技术，打造虚拟旅游体验。通过建设虚拟博物馆、在线文化体验平台，国际游客可以在不同国家、不同时间通过互联网感受中华传统文化的独特魅力。例如，在线"丝绸之路文化展览"，让国际游客通过虚拟现实技术参观中国的博物馆、古镇等文化景点，实现文化的跨国传播。在文化旅游线路推广的同时，还可以加强国际的旅游交流活动。例如，举办国际性的旅游博览会、文化节等活动，吸引各国游客前来参与。通过这些活动，不仅可以让国际游客近距离体验中华传统文化，还有助于构建更加紧密的旅游合作关系，推动中华传统文化在国际上更为广泛传播。

通过制定连接"一带一路"各国的文化旅游线路，将中华传统文化景点纳入其中，可以更全面、深入地向国际游客展示中华传统文化的博大精深。这种联合推广的模式不仅丰富了国际旅游市场的产品种类，也为不同国家之间的文化交流搭建了桥梁，促进了文明互鉴，为构建人类命运共同体贡献了积极力量。

（二）文化节庆旅游

利用中华传统的节庆元素，设计和推广各类文化节庆旅游活动，是一项有益于吸引游客、促进中华传统文化国际传播的创新举措。这样的活动不仅能够为游客提供丰富多彩的旅游体验，同时也使得中华传统文化在国际上得以展示和传承。通过举办各具特色的文化节庆活动，中华传统文化得以在全球范围内传达其深厚底蕴和独特之美。文化节庆旅游活动可以融入中华传统的农历节令，如春节、中秋节等，使游客在旅行的同时能够深入体验中国传统的节庆文化。春节是中国传统的新年，通过举办盛大的春节庆典，包括舞龙舞狮、花灯游行、庙会等活动，不仅可以吸引游客参与，也能让他们深刻感受到中国特有的新年氛围。而中秋节则可以通过赏月、品尝月饼等方式，让游客在传统文化的庆典中度过一个难忘的中秋之夜。

文化节庆旅游活动可以结合中国传统的历史文化，打造具有独特历史韵味的体验。例如，模拟古代的传统婚礼、历史时装秀等，使游客在欣赏的同时能够感受到中国古代文化的独特魅力。这样的活动既满足了游客对历史文化的好奇心，也为中华传统文化的传承提供了生动而有趣的方式。文化节庆旅游活动可以通过传统手工艺的展示和体验，让游客亲身参与中华传统手工技艺的制作过程。例如，举办传统的中国结、剪纸、陶艺等手工艺制作工坊，游客可以亲手体验传统手工技艺的精湛工艺，既增加了游客的参与感，也促进了传统手工艺的传承和发展。

文化节庆旅游活动还可以结合中华传统的民间艺术表演，包括京剧、豫剧、评剧等传统戏曲形式。通过在旅游景区举办精彩纷呈的戏曲表演，让游客在欣赏传统艺术的同时，了解中华传统文化的历史和价值观。这样的活动将传统艺术融入旅游体验，能够使游客更好地融入中华传统文化的独特氛围。在文化节庆旅游活动的策划中，可以通过国际合作的方式，吸引外国游客参与，促进文化的交流与互鉴。例如，与其他国家的文化节庆活动进行合作，共同举办国际性的文化庆典。这种方式不仅可以拓展中华传统文化在国际上的影响力，也为不同文化之间的交流提供了平台。通过联合推广，各国游客能够更好地理解和体验中华传统文化。

文化节庆旅游活动的举办不仅为游客提供了丰富多彩的旅游体验，也为中华传统文化的传播提供了有力的支持。通过各种形式的庆典、表演和体验活动，中华传统文化得以以更生动的方式呈现在游客面前，从而激发国际游客对传统文化的兴趣。这样的活动既为旅游业注入新的活力，也为中华传统文化在国际上的传播创造了更多的机会。通过巧妙地结合节庆元素，中华传统文化在国际旅游市场上能够吸引更多目光，为中国文化的传承和发展注入了新的动力。

四、教育合作与人才培养

（一）中文教育

在"一带一路"倡议的推动下，"一带一路"共建国家的教育机构纷纷开设中文课程，这一举措不仅推动了中文的国际传播，更为国际人才的中华传统文化传承和发展提供了有力的支持。通过中文学习，国际人才更容易深入了解中华传统文化的独特魅力，从而积极参与到文化传承的过程中。中文课程的开设为"一带一路"共建国家的学生提供了更多选择，激发了对中华传统文化的学习兴趣。例如，在中东地区，越来越多的高校引入中文专业及中文课程，吸引了众多学生报名。这些学生通过中文学习，不仅提高了语言能力，更深入了解了中国的历史、文学、艺术等，他们会成为促进中华传统文化传承和发展的国际人才。中文课程的推广加强了中华传统文化在教育体系中的地位。在东南亚地区，一些国家的中小学开设了中文课程，使学生从小学习中文，培养了一大批对中国文化感兴趣的新生代。通过系统性的中文学习，这些学生对于中华传统文化有了更为深刻的认识，为将来的文化交流和合作打下了坚实基础。

中文课程的开设也为中外教育机构提供了合作的契机，如中亚地区的大学与中国的高校合作，开设中文与文化课程，共同培养了一批中文熟练、对中华传统文化有深刻理解的学生。这种跨国合作的方式既促进了沿线国家之间的文化交流，也助力了中华传统文化在国际上的传承。在中文学习的过程中，一些沿线国家的学生还积极参与到中国的文化体验项目中。通过亲身体验，他们更加直观地感受到中华传统文化的魅力，促使他们更主动地参与到文化传承和推广的工作中。

中文学习还为国际人才提供了参与中华传统文化传承和发展的桥梁。在欧洲地区，一些中文专业的学生由于学习成绩出色，获得了在中国留学的机会。在中国的留学生活中，他们更加深入地了解了中华传统文化，有的甚至加入到中国传统艺术的学习和传承中。这种国际人才的涌现不仅为中华传统文化的传承注入了新鲜力量，也为国际文化交流构建了更为广泛的桥梁。通过中文学习，国际人才能更好地参与到中华传统文化的传承和发展中。例如，在亚太地区，一些中文专业的毕业生通过就业机会加入到中国文化企业，通过参与文创项目、文化传媒等行业，将中华传统文化元素融入现代文化产业中。这种深度参与不仅让国际人才更好地理解和传承中华传统文化,也推动了文化产业的创新和发展。

通过在沿线国家的教育机构开设中文课程,不仅促进了汉语的国际传播,更为国际人才的中华传统文化传承和发展提供了有力的支持。汉语学习成为连接不同国家和文化的纽带,为构建更加紧密的人文交流网络打下了坚实基础。这一过程既推动了中华传统文化的国际传播,也促进了各国之间在文化领域更加深入的合作。

(二)学术交流与研究合作

与沿线国家的高校和研究机构开展中华传统文化领域的学术交流和研究合作,是推动中华传统文化在国际学术界发展的一项重要战略。通过共同开展项目、撰写论文等合作形式,可以促进不同国家学者之间的深度合作,扩大中华传统文化在国际学术界的影响力。

通过与沿线国家的高校和研究机构建立稳固的合作关系,可以实现学者之间的定期交流。这种交流形式不仅限于学术研讨会、国际学术会议等方式,还可以通过学者互访、合作项目等方式,促使中华传统文化在国际学术圈内得到更多的关注。学者们可以通过交流互鉴,提高对中华传统文化的共识和认知,形成更为广泛的学术共识。联合开展研究项目是推动中华传统文化国际化的重要手段。合作项目可以涉及中华传统文化的各个方面,包括文学、艺术、哲学、历史等多个领域。通过共同参与研究项目,不同国家的学者可以在深入研究中华传统文化的过程中形成合作共赢的局面。这种形式的合作既能够促进学术水平的提升,也能为中华传统文化在国际学术界树立更高的声望。

共同撰写论文是学术合作的重要表现形式。通过与沿线国家的学者共同合作,撰写有关中华传统文化的研究论文,不仅有助于扩大研究视野,还能够通过合作成果推动中华传统文化在国际学术界的传播。合作论文的发表不仅提升了学者个人的学术声望,也为中华传统文化在国际上树立了更为丰富、深刻的学术形象。这种形式的学术合作还有助于弥合不同国家学者之间的学术理念差异,促成共同的学术探讨和进步。

国际性的学术期刊合作是推动中华传统文化国际化的重要途径。与沿线国家的学术期刊合作,可以为中华传统文化的学术成果提供更广泛的传播平台。这种合作形式可以通过共同组织学术论坛、出版特刊等方式，推动中华传统文化的学术成果在国际上的发表和交流。国际性的学术期刊合作有助于将中华传统文化的学术研究与国际学术潮流相结合，提升其在国际学术界的知名度。

与沿线国家的高校和研究机构合作，还可以通过共同组织学术研讨会、论坛等活动，形成一个学术交流的平台。这样的平台既能促进学者之间的深度对话，也能为学术成果的共享提供便利。通过这些学术交流平台，不同国家的学者可以共同探讨中华传统文化的研究方向、方法论等问题，形成更为广泛的研究合作网络。通过以上形式的合作，中华传统文化在国际学术界的影响力得以逐步提升。合作不仅促进了学术水平的提高，也为中华传统文化在国际学术舞台上赢得更多关注提供了有力支持。在共同努力下，不同国家的学者能够形成更为紧密的合作关系，为中华传统文化的研究和传播贡献力量，推动中华传统文化在国际学术界取得更为显著的成就。

五、文化遗产保护与传承

（一）联合保护项目

在"一带一路"合作框架下，与"一带一路"共建国家共同保护中华传统文化的重要历史和文化遗产是一项具有深远意义的工作。通过联合开展对古老建筑、传统手工艺品的修复和保护，不仅能确保这些宝贵的文化遗产得以传承，还能促进国际文化交流，增进各国之间的友好合作。古老建筑的修复和保护是中华传统文化遗产保护的重点。例如，在中亚地区，中国与周边国家合作修复了丝绸之路沿线的著名古迹，如敦煌莫高窟等。这些修复工程不仅涉及建筑的物质保护，更包含文物的数字化记录和保护技术的研发。通过共同的修复工作，不仅保护了这些古老建筑的独特风格和历史价值，也使其得以在当代焕发新的文化生命。

传统手工艺品的修复和保护也是中华传统文化保护的重要环节。在东南亚地区，中国与周边国家合作开展了对传统手工艺品的保护工作。这样的合作不仅保护了传统手工艺品的独特工艺，也促进了双方在文化领域的深度交流。在中亚地区，联合修复和保护传统建筑的项目还包括一些共同举办的文化节庆活动。通过这些活动，各国可以共同展示传统建筑的历史价值，吸引更多的国际游客，提高人们对中华传统文化的认知度。这样的联合活动促进了沿线国家之间的文化合作，也为保护传统建筑提供了更多的资源支持。

在东南亚地区，中国与周边国家共同保护传统手工艺品的项目还涉及对手工艺品市场的规范和保护。各国通过制定相关政策和标准，联合建立对传统手工艺品市场的监管机制，保护原创性和地域性，防范商业化带来的负面影响。这一合作不仅保护了传统手工艺品的地域特色，也提高了这些手工艺品在国际市场上的认可度和竞争力。在合作中，国际文化专业人士和研究机构也发挥了重要作用。通过联合开展考古研究、文物保护技术研究等项目，各国的专家可以共同探讨文化遗产的保护方法和技术手段。这样的合作既加强了国际学术交流，也提高了文化遗产保护的专业水平。

还可以通过开展培训项目，提升各国文化遗产保护的从业人员的专业水平，来推动中华传统文化遗产保护。例如，在中亚地区，中国与周边国家合作举办了文化遗产保护培训班，邀请中国的专业人才分享经验和技术，帮助当地的从业人员更好地应对文化遗产保护中的挑战。

在推动中华传统文化遗产保护的过程中，也需要加强对公众的教育和宣传工作。可以通过展览、讲座、媒体报道等方式，向国际社会传递中华传统文化遗产的价值和重要性。例如，在东南亚地区，中华传统文化遗产保护合作项目的成果通过展览和演示活动向当地社会进行宣传，引起了民众的广泛关注和积极参与。

这些具体合作项目的实施，不仅加强了"一带一路"共建国家之间在中华传统文化遗产保护方面的合作，也为国际社会提供了一个共同参与的平台。这样的合作不仅促进了中华传统文化在国际上的传承，也为"一带一路"共建国家之间的友好合作构建了更为坚实的文化纽带。

（二）非物质文化遗产传承

通过合作项目共同推动中华传统非物质文化遗产的传承，包括传统工艺、戏曲、音乐等，这是一项至关重要的工作。这种合作传承不仅有助于确保这些传统艺术不会因时光流逝而逐渐失传，更能够在国际范围内促进这些文化遗产的传播，使其焕发新的生机。合作项目为中华传统非物质文化遗产的传承提供了广阔的平台。例如，通过与沿线国家的合作，可以形成多元化的合作项目，涵盖传统工艺、戏曲、音乐等各个方面。这种全方位的合作项目有助于不同国家之间的文化资源共享，促使传统文化在国际舞台上得以更全面、深入地传承和弘扬。例如，通过联合举办传统工艺展览、戏曲节目演出，以及音乐艺术交流等项目，各国可以共同推动这些非物质文化遗产的传承，实现共赢发展。

合作传承有助于促进传统工艺的创新与发展。在合作项目中，各国的工匠、艺术家可以共同探讨传统工艺的技术、材料、设计等方面的问题，通过互相借鉴和启发，推动传统工艺的创新。这样的创新不仅有助于提高传统工艺的市场竞争力，也能为其在国际市场上找到新的应用和发展方向。通过合作传承，中华传统非物质文化遗产在国际市场上得以更为活跃地存在，实现了传统文化与当代需求的有机融合。合作传承可以通过戏曲、音乐等形式，使中华传统非物质文化遗产在国际上更为广泛地传播。通过与其他国家戏曲团体、音乐院团合作，可以共同创作、演出具有跨文化特色的戏曲和音乐作品。这样的合作演出不仅能够吸引国际观众，也能提高中华传统文化在国际上的影响力。合作传承不仅是传统文化的传承，更是一种文化的共生、融合，其使得中华传统文化能够以更为丰富、多元的形式呈现在世界舞台上。

通过音乐的合作传承，可以将中华传统音乐与其他国家的音乐风格相融合，创造出新的音乐作品。例如，中西合璧的音乐合作、民族乐器与西洋乐器的融合等形式，使得中华传统音乐得以在国际上呈现更为多样的风采。这种音乐的合作传承不仅拓展了传统音乐的表现形式，也为中华传统音乐在国际市场上赢得了更广泛的认同。在合作传承的过程中，可以通过国际性的传统工艺展览、戏曲音乐节等活动，将中华传统非物质文化遗产呈现给国际观众。这种展览与演出不仅是对传统文化的传承，也是对国际观众进行文化教育的有效途径。观众通过参与这些活动，能够更直观地了解和感受中华传统非物质文化遗产的魅力，促进文化的跨文化交流与理解。

通过合作传承，各国在中华传统非物质文化遗产领域的合作也可以扩展到相关的文化产业。例如，共同制作传统工艺的文创产品、联合推广传统戏曲音乐作品等，通过市场化的方式将这些非物质文化遗产带给更多的人群。这种文化产业的合作不仅有助于传统文化的传承，更能为各国的文化创意产业注入新的活力。通过合作项目共同推动中华传统非物质文化遗产的传承，可以促进文化资源的共享，推动传统工艺的创新与发展，实现非物质文化遗产在国际上的传播。这种合作传承不仅是对传统文化的守护，更是对在国际层面上促进文化多样性、实现共同繁荣的积极探索。通过不断地努力，中华传统非物质文化遗产会在国际上发挥越来越重要的作用，为人类共同的文化遗产增添新的光彩。

第六章 社交媒体时代的中华传统文化国际传播

第一节 不同类型社交媒体的传播者及其作用

在社交媒体时代，中华传统文化的国际传播得到了新的机遇，同时也面临着新的挑战。不同类型的社交媒体成为推广中华传统文化的传播者，以下是一些常见社交媒体类型中的传播者。

一、Facebook

（一）文化机构和博物馆

Facebook（现已更名为"Meta"）作为全球最大的社交媒体平台之一，为文化机构和博物馆提供了独特而广泛的传播渠道。这些机构可以充分利用 Facebook 平台，通过多样的内容呈现，引导国际受众深入了解中华传统文化的丰富内涵。文化机构和博物馆可以通过分享中华传统文化的历史深度挖掘文化内涵，在 Facebook 上发布详细而生动的历史解读、文物考古成果，使受众能够更全面地了解中华传统文化的渊源与发展历程。通过讲述历史故事、展示丰富多彩的文化传承，这些机构能够激发国际受众对中华传统文化的浓厚兴趣。

博物馆可以通过展示丰富的艺术品藏品，向国际受众传递中华传统文化的艺术之美。通过高质量的图片和有趣的文化解说，Facebook 用户能够在虚拟空间中欣赏到传统绘画、工艺品、雕塑等艺术精品。这种数字化的展示形式不仅能够促使观众远程参观，还能够激发其对艺术品的学术兴趣和审美体验。博物馆还可以通过展示传统手工艺的技艺，展现中华传统文化的实用性和技术深度。通过视频、图文并茂的展示，向国际受众传递传统工艺的独特之处，呈现中国文化的匠心与创造力，这不仅有助于传统手工艺的传承与保护，也能够激发受众对中华传统技艺的兴趣，促使更多人关注并了解这些传统工艺的价值。

在 Facebook 平台上，文化机构和博物馆可以通过深入挖掘历史内涵、展示艺术品珍藏和传统手工艺的技艺，吸引国际受众的兴趣，使中华传统文化在数字化时代得到更广泛而深入的传播。

（二）文化交流组织

Facebook 作为一个全球性的社交媒体平台，为文化交流组织提供了独特的机会，使其能够通过分享中华传统文化的活动、展览和座谈会等形式，促进国际文化的交流与理解。文化交流组织可以通过 Facebook 平台广泛宣传中华传统文化的活动。例如，通过发布活动的时间、地点、主题等相关信息，吸引更多国际受众的关注和参与。这有助于建立更为紧密的文化交流平台，促进不同文化之间的对话与互鉴。通过在 Facebook 上发布与中华传统文化相关的展览信息，可以将传统文化带到国际舞台上。通过高质量的图文展示，展览的亮点、特色以及艺术家背后的故事可以得到更加深入的传播，从而引发国际受众对中华传统文化的兴趣。

文化交流组织还可以利用 Facebook 平台组织中华传统文化的座谈会和研讨会，通过在线平台集结文化学者、专家和对中华传统文化感兴趣的人们。还可以通过直播、讨论帖文等形式，在虚拟空间中建立起一个开放、共享的文化交流平台，推动不同国家和地区文化的融合与共享。在 Facebook 平台上，文化交流组织通过广泛传播中华传统文化的活动、展览和座谈会等形式，为国际社会提供了更加深入了解和参与的机会。通过适应这一数字时代的传播方式，文化交流组织能够更好地推动中华传统文化的国际传播，促进文化多元性的共融。

二、Twitter

（一）文化学者和专家

Twitter（"推特"，现改名为"X"）作为一个注重实时性和简短表达的社交媒体平台，为文化学者和专家提供了一个独特的传播渠道。这些专业人士可以通过推文的方式，传达对中华传统文化的深度解读和独到见解，与国际受众建立更紧密的联系。文化学者和专家可以充分利用 Twitter 的实时性，迅速回应中国文化领域的热点事件和话题。通过即时的深度解读，他们能够引导国际受众深入了解中华传统文化，在短时间内获得有深度的文化启发。Twitter 的短文特性适合表达简练而深刻的文化观点。文化学者和专家可以通过一系列连续的推文，以独特而易懂的方式向受众介绍中华传统文化的核心思想、哲学观念和历史传承。这种直接而高效的传播方式有助于吸引更广泛的国际关注。

专业人士还可以通过 Twitter 分享相关研究成果、论文链接等，为中华传统文化感兴趣的学者和普通受众提供更多有深度的学术支持，推动中华传统文化的学术交流。

（二）文化使者和大使

文化使者和大使在 Twitter 上具有独特的身份和使命，他们可以通过这个平台向国际社会展示中华传统文化的魅力，促进文化外交的发展。文化使者和大使可以通过 Twitter 及时分享国家举办的中华传统文化活动、艺术展览以及重要文化庆典等信息。这样的即时分享能够在国际社会引起关注，吸引更多人了解和参与文化交流活动。

通过 Twitter 的直播和视频功能，文化使者和大使可以进行在线的文化展示，展示传统音乐、舞蹈、戏剧等表演艺术形式。这种形式的传播不仅能够生动地展现中华传统文化的多样性，同时也创造了一种互动性，使国际受众能够更直观地感受文化的魅力。文化使者和大使还可以通过 Twitter 与国际受众互动，回答国际受众对于中华传统文化的问题，分享文化体验，增强国际社交媒体上的文化形象。通过与受众的直接沟通，他们能够建立更加真实和贴近的文化交流关系。

在 Twitter 上，文化学者和专家以及文化使者和大使通过独特的传播策略，能够将中华传统文化的深度和魅力传递给更广泛的国际受众，为中华传统文化的国际传播开辟新的传播途径。

三、Instagram

（一）文化艺术家和表演者

Instagram（照片墙，简称：ins 或 IG）作为一个以图像和视频为主的社交媒体平台，在传播文化艺术方面拥有独特的优势。文化艺术家和表演者在 Instagram 中，能够发布精美的图片和令人震撼的视频，生动地展示中华传统文化的美，从而在国际社交媒体舞台上吸引更广泛的关注。文化艺术家可以通过 Instagram 的图片功能，展示中华传统文化之美。通过高质量的摄影作品，他们能够将传统绘画、雕塑、书法等艺术形式以最直观、最引人注目的方式呈现给观众。每一幅画作、每一尊雕塑都能成为独特而深刻的文化体验，通过 Instagram 的视觉效果，观众能够在短暂的停留中感受到传统艺术的精髓。

表演者可以利用 Instagram 的视频功能，展示中华传统表演艺术的魅力。无论是传统舞蹈、戏曲、音乐，还是其他形式的表演艺术，都可以通过生动的视频呈现出来。透过这种形式，观众能够近距离感受到传统表演艺术的动人之处，感受到中华传统文化在表演艺术上的卓越成就。在展示过程中，文化艺术家可以借助 Instagram 的独特功能，如视频故事、IGTV（Instagram 电视），制作更为深入、更具叙事性的内容。通过视频故事，文化艺术家可以分享艺术背后的故事，讲述作品创作的灵感来源；而通过 IGTV，可以制作更为长时的艺术表演或解读视频，使观众能够更全面地理解和欣赏中华传统文化的独特之处。

通过 Instagram 的直播功能，文化艺术家和表演者可以与观众实时互动，分享创作心得、回答问题，甚至进行虚拟导览或演出。这种互动性的传播模式使观众能够更深入地参与其中，既增强了文化体验，同时还拉近了艺术家与受众之间的距离。Instagram 为文化艺术家和表演者提供了一个独特的传播平台，他们通过精美的图片、震撼的视频，深刻而生动地展示着中华传统文化的美。这样的传播策略不仅能够激发国际受众对中华传统文化的浓厚兴趣，也为传统艺术的国际传播提供了一条全新的路径。通过数字化的方式，中华传统文化得以在国际社交媒体上焕发新的活力，为文化传承与交流注入了新的生机。

（二）文化体验博主

在 Instagram 这个以视觉效果为主的社交媒体平台上，文化体验博主成了传播中华传统文化的主要成员。通过 Instagram Stories 和 IGTV 这两个独特的功能，文化体验博主能够以更直观、更富有故事性的方式，与国际受众分享中华传统文化的日常生活和深厚的文化体验。通过 Instagram Stories，文化体验博主可以实时记录的日常生活。通过简短而生动的视频，他们可以展示传统节庆、家庭聚餐、传统手工艺的制作过程等，将中华传统文化融入日常生活的方方面面。这种形式的传播使观众能够更加贴近、亲切地感受到传统文化的魅力。

利用 IGTV 的长视频功能，文化体验博主可以深入挖掘中华传统文化的精髓。通过制作专题性的视频，他们能够深入讲解传统文化的历史背景、文化内涵，以及与当地生活相结合的独特之处。这种深度的传播方式有助于国际受众更全面地了解中华传统文化。文化体验博主还可以借助 Instagram 的互动性，与观众进行实时互动。他们可以通过与粉丝分享传统文化的有趣小知识、故事或者举办问答活动，建立更加紧密的互动关系。这种参与式的传播模式能够引发观众更强烈的兴趣，激发他们深入了解中华传统文化的欲望。

文化体验博主可以通过与当地文化人物的合作，展示中华传统文化的地方特色。在 Instagram 上分享的与地方文化人物的交流、合作情况，能够为受众呈现更加具体、生动的文化画面，使中华传统文化在国际社交媒体上更为丰富多彩。文化体验博主通过 Instagram Stories 和 IGTV 的独特功能，能够以更生动、直观的方式传递中华传统文化的日常生活和深厚文化体验。这样的传播策略不仅有助于拉近各文化之间的距离，还能激发更多国际受众对中华传统文化的兴趣，为文化交流与传承注入更多活力。

四、LinkedIn

（一）文化领域从业者

LinkedIn（领英）作为面向职场专业的社交网络平台，为文化领域从业者提供了一个独特的机会，使其能够通过分享工作经验、研究成果等，建立国际专业合作关系，推动中华传统文化的学术交流。在这个全球性的平台上，文化领域的专业人士能够展示自己的专业知识、研究成果等，与其他专业人士进行交流，从而加深各自对中华传统文化的理解，并促进跨文化的学术合作。

文化领域从业者可以通过详细的个人资料和工作经历，向全球同行展示自己在中华传统文化领域的专业素养和经验。这不仅有助于建立个人在行业内的声望，也能够吸引其他专业人士与其互动、交流，促使更多的人了解中华传统文化的研究方向和成果。LinkedIn 的动态发布功能使得文化领域从业者能够分享最新的研究成果、学术见解和行业动态。通过发布文章或分享关键观点，他们可以将自己的思想传播到全球范围内，吸引其他专业人士的关注和讨论。这样的交流不仅有助于在全球范围内推动中华传统文化的学术交流，也为文化领域的从业者扩大其学术影响力提供了一个平台。

LinkedIn 的群组功能为文化领域从业者提供了一个在线聚集的平台。通过参与不同主题的群组，专业人士可以加入相关的讨论，结识志同道合的伙伴，共同探讨中华传统文化的研究方向和发展趋势。这种在线社区的形成有助于促进学术合作，搭建起国际性的专业网络。LinkedIn 的国际化特征使得文化领域从业者能够更容易地建立国际专业合作关系。通过连接海外的同行，他们能够开展跨国合作项目，共同推动中华传统文化的研究和传播。这有助于将中华传统文化推向更广泛的国际舞台，增进中外文化的相互理解和交流。

（二）国际文化项目组织

LinkedIn 作为专业社交媒体平台，为国际文化项目组织提供了独特而有效的合作和推动中华传统文化的国际项目的机会。这个平台的专业性和面向商务领域的特点，使其成为国际文化项目组织寻找合作伙伴、开展文化交流活动的理想场所。LinkedIn

提供了一个专业的网络环境，使国际文化项目组织能够在这里建立和扩大其在文化领域的专业关系。相关文化组织可以在 LinkedIn 上创建公司页面，详细展示中华传统文化项目的背景、目标以及之前的成功案例，吸引对中华传统文化感兴趣的专业人士和机构关注。

LinkedIn 的搜索和链接功能使得国际文化项目组织可以方便地找到潜在的合作伙伴。通过关键词搜索和筛选，相关文化组织可以找到在文化领域有相关经验和兴趣的个人、公司或文化机构。这种有针对性的搜寻能够让组织更加精准地寻找适合的合作伙伴，使中华传统文化的国际项目更有针对性和深度。国际文化项目组织可以参与到与文化相关的专业组织、论坛或小组中，分享关于中华传统文化的见解、经验和计划。通过参与讨论，国际文化项目组织有机会结识对中华传统文化有浓厚兴趣的潜在合作伙伴，并与其建立更深厚的业务关系。

LinkedIn 的文章发布功能也为国际文化项目组织提供了一个展示专业知识和项目经验的平台。通过撰写关于中华传统文化的专业文章，国际文化项目组织可以吸引更多的目光，展示其在文化项目方面的专业性和领导地位。这种展示能够让潜在合作伙伴有更多的了解和信任，为合作奠定基础。LinkedIn 的线上活动和研讨会功能，也为国际文化项目组织提供了一个线上推动中华传统文化国际项目的平台。通过组织线上研讨会，分享中华传统文化的最新研究成果、项目进展和未来计划，国际文化项目组织能够吸引更多的专业人士参与合作，并推动国际项目的发展。

LinkedIn 为国际文化项目组织提供了一个全球性的专业社交平台，通过这个平台，组织可以寻找合作伙伴、建立专业关系、展示专业知识，从而共同推动中华传统文化的国际项目。这种专业性和商务导向的社交媒体平台为文化领域的合作提供了更加高效、精准的方式，助力中华传统文化在国际舞台上得到更广泛的认可和传播。

五、TikTok

（一）文化教育者和解说员

TikTok 作为一款以短视频为主的社交媒体平台，已经在全球范围内迅速崛起，成为年轻一代喜爱的内容分享平台。在这个轻松、富有创意的社交空间里，文化教育者和解说员通过短视频的形式，以轻松幽默的方式，向广大年轻人介绍中华传统文化，为文化知识的普及注入新的活力。

TikTok 的短视频形式为文化教育者提供了一个富有创意的表达平台。传统文化通常被认为庄重、古老，难以引起年轻人的兴趣。然而，通过短视频，文化教育者可以巧妙地将复杂的文化知识以简单易懂、富有趣味性的方式呈现出来。例如，他们可以通过配乐、特效和幽默的解说，将中华传统文化的元素融入有趣的场景中，从而引起年轻受众的兴趣，使他们更愿意了解和深入探讨中华传统文化。TikTok 的短视频具有极高的传播性。在这个平台上，内容的传播速度快，有趣的短视频能够在短时间内迅速积累大量观众。通过巧妙设计引人入胜的短视频，文化教育者和解说员能够迅速将中华传统文化传递给更广泛的受众群体，实现文化知识的迅速传播。这种传播方式符合年轻一代的阅读习惯，使得他们能够在短暂的时间内获取有趣、实用的文化信息。

TikTok 的互动性为文化教育者提供了更多创意的空间。通过设计富有互动性的短视频，如投票、评论互动等，文化教育者能够引导年轻受众参与文化知识的传播过程中来。这样的互动机制不仅增加了观众的参与感，也促使他们更主动地了解中华传统文化，形成更深层次的学习体验。TikTok 作为一个全球性的平台，为中华传统文化的国际传播提供了更多的机会。通过用多语言、多元文化的方式解说中华传统文化，文化教育者能够吸引来自世界各地的观众。这种全球性的传播有助于打破文化的地域界限，使中华传统文化更加贴近世界各地的年轻人，推动中华文化在国际上的认知和传播。

TikTok 的短视频平台为文化教育者和解说员提供了一个创新而富有活力的传播渠道，通过轻松有趣的方式向年轻受众介绍中华传统文化。这种形式的文化传播不仅提高了年轻人对传统文化的兴趣，也为文化知识的传承和弘扬注入了新的生机。在 TikTok 这个短视频的海洋中，中华传统文化焕发出崭新的魅力，得到了更加广泛的关注和传播。

（二）文化艺术家

TikTok 作为一款以挑战和短视频形式为主的社交媒体平台，为文化艺术家提供了一个创新而充满活力的场所，他们能够通过展示传统艺术形式，吸引更多国际年轻人参与其中。这个独特的社交空间为文化艺术的传承与发展注入了新的生机，让传统艺术焕发出年轻人喜爱的活力。TikTok 的挑战形式为文化艺术家提供了一个与年轻观众互动的平台。通过设计具有创意性和互动性的挑战，文化艺术家能够吸引更多的年轻用户积极参与，从而引导他们了解和体验传统艺术。例如，可以设计与传统舞蹈、音乐或绘画相关的挑战，让年轻人通过参与挑战的方式感受传统艺术的魅力，使传统艺术走进他们的生活，不再显得陈旧和遥远。

TikTok 的短视频形式为文化艺术家提供了一个展示才华的快捷渠道。传统艺术形式通常需要长时间的学习和体验，但在短视频中，艺术家可以通过短暂而精彩的表演，吸引观众的目光。通过展示传统艺术的独特之处、技巧和创新，文化艺术家能够在短时间内打动年轻受众，激发他们对传统艺术的浓厚兴趣。

TikTok 的全球性特点为文化艺术家提供了一个突破地域限制的机会。通过借助短视频的传播力，艺术家可以将传统艺术形式以轻松有趣的方式展示给来自世界各地的观众。这种全球性的传播有助于打破文化隔阂，使更多国际年轻人有机会接触和了解中华传统艺术，推动传统艺术的国际传播和交流。

更为重要的是，TikTok 的社交互动机制为年轻人提供了一个参与式的文化体验。通过与文化艺术家的互动、评论和分享，年轻人能够在社交平台上与传统艺术建立更为亲密的联系。这种直接而有趣的互动方式使传统艺术不再被视为陈旧和乏味，反而成为年轻人在社交媒体上展示自己创意和审美追求的一种方式。

TikTok 的挑战和短视频形式为文化艺术家提供了一个突破传统的、创新的传播平台。通过设计吸引人的挑战、展示才华的短视频，文化艺术家能够吸引更多国际年轻人参与其中，使传统艺术焕发出新的生命力。这样的互动和传播方式有助于将传统艺术融入年轻一代人的生活中，推动中华传统艺术在国际舞台上的传承和发展。在 TikTok 的舞台上，中华传统艺术以一种更为现代、时尚的形式呈现，为全球年轻人带来了更多的文化体验和共鸣。

第二节　社交媒体对中华传统文化国际传播的影响

社交媒体在当今社会中扮演着重要的角色,对中华传统文化的国际传播产生了深远的影响。社交媒体平台,如 Facebook、Twitter、Instagram 等,以及特别适应年轻用户的 TikTok,为中华传统文化在国际范围内的推广提供了新的机遇。社交媒体对中华传统文化的国际传播产生了积极而深远的影响。通过创新的传播形式、全球性的传播平台和文化名人的影响力,中华传统文化得以更好地融入国际社会,为全球年轻人提供更多了解和体验传统文化的机会。这样的传播方式有望在国际上推动文化的多元发展,促进不同文明之间的相互尊重和交流。

一、全球传播平台的作用

社交媒体,作为当今信息社会的重要组成部分,为中华传统文化的国际传播提供了一个全新而广泛的平台。这一平台的出现,使得中华传统文化能够突破地域限制,以一种前所未有的方式直接与国际观众进行互动,从而促进文化的多元交流,实现文化的全球传播。在这个全球性传播平台上,文化爱好者和从业者可以充分展示中华传统文化的丰富内涵,包括艺术、历史、哲学、传统节日等,从而为世界各地的观众呈现一幅更加全面而多元的中国文化画卷。

社交媒体提供了一个即时、全球化的信息传播渠道,使中华传统文化能够更迅速地渗透到国际舞台。文化爱好者和从业者通过在社交媒体平台上分享内容,能够迅速传递有关中华传统文化的信息,无论是关于古老艺术品的介绍,还是传统节庆的庆祝活动。这种直接的信息传递方式有助于让国际观众更迅速地了解和感受中华传统文化,打破传统文化传播中时间和空间的障碍。社交媒体的互动性为中华传统文化的国际传播注入了更多元的元素,观众不再只是被动地接收信息,而是能够通过评论、点赞、分享等方式与文化爱好者和从业者进行直接互动。这种互动机制使得国际观众能够更深入地了解中华传统文化，提出问题，分享观点，实现真正的文化交流。互动性的加入不仅促进了文化的深层次传播，也提高了观众的参与感和投入度。

社交媒体的多样化功能为文化爱好者和从业者提供了创造性的表达空间。通过图文并茂的帖子、精彩纷呈的短视频，甚至是实时直播等形式，他们可以将中华传统文化以生动有趣的方式呈现出来。这样的多样化表达形式有助于吸引更广泛的受众，特别是年轻一代，使中华传统文化在社交媒体上焕发出更富有现代感的魅力。在社交媒体的平台上，文化爱好者和从业者还能够通过建立专页、参与群组等形式，组建更为庞大而有力的社群。这种社群机制有助于将对中华传统文化感兴趣的人们聚集在一起，形成更加紧密的社交网络。通过这样的社交网络，文化爱好者和从业者可以更好地传播中华传统文化，形成传播效应，将文化传递得更为深入和广泛。同时，社交媒体提供了一个便捷的平台，使得中华传统文化能够顺应时代潮流，以更为现代化的方式呈现。文化爱好者和从业者可以借助社交媒体的时尚语言、独特的创意，使中华传统文化焕发出时尚和年轻的一面。这种现代化的呈现方式有助于引起年轻一代的共鸣，促使他们更加愿意了解和接受中华传统文化。

综上所述，社交媒体为中华传统文化的国际传播提供了一个全球性、互动性和多元化的传播平台。通过这个平台，中华传统文化能够以更为直接、迅速的方式传达给国际观众，实现文化的全球性传播，推动文化的多元发展。社交媒体的出现为中华传统文化的国际传播注入了新的活力，使传统文化焕发出更为丰富和时尚的魅力，为中国文化在国际上的认知和传播创造了更加广阔的可能性。

二、创新传播形式的作用

社交媒体，以其丰富的传播形式，如短视频、挑战和互动等，为中华传统文化注入了新的创意元素，极大地促进了文化传播的创新与活力。这些新型传播方式的引入使得传统文化能够更富有吸引力地走入年轻观众的生活，促使他们更积极地参与文化的传承和推广。短视频平台为文化从业者提供了一个生动有趣的展示平台。通过短视频，文化元素可以以轻松幽默的方式呈现，吸引年轻观众的兴趣。传统文化的古老故事、传奇传说,通过精简而有趣的叙述方式,能够更好地与年轻一代的观众产生共鸣。短视频的形式使得信息传递更迅速、更直观,为年轻人提供了更便捷的学习途径,激发了他们对中华传统文化的好奇心。

挑战形式的引入为文化传播注入了更具互动性的元素。社交媒体上出现的各种文化挑战,使得观众不再只是被动接收文化信息,而是能积极参与其中,成为文化传播的一部分。例如,通过参与传统舞蹈的模仿挑战,观众可以在轻松愉快的氛围中体验传统文化,从而更深刻地理解和感受其中的内涵。这样的挑战形式拉近了文化传播者与受众之间的距离,建立了更加紧密的互动关系。互动形式的运用也使得传统文化更具参与感。通过在社交媒体上举办各种互动活动,如投票、抽奖、问答等,观众能够直接参与到文化传播的过程中。这种互动不仅增加了观众的参与感,还能够激发他们对中华传统文化的独立思考和深入了解的愿望。通过与观众的互动,文化传播者能够更好地了解受众的需求和兴趣,有针对性地进行文化推广和传播。

社交媒体上的直播功能也为传统文化的传播提供了全新的可能性,通过直播,文化从业者能够实时与观众互动,展示传统手工艺的制作过程、传统音乐的演奏,使观众能够在现场感受传统文化的魅力。这种实时性的传播方式让传统文化更具现代感,与时俱进地融入年轻观众的生活。社交媒体以其独特的传播形式,为中华传统文化的传播注入了新的创意元素,使得传统文化更具有吸引力和活力。通过短视频的生动呈现、挑战和互动形式的积极参与,社交媒体为传统文化的年轻化传播打开了广阔的空间。这一创新的传播方式不仅让传统文化更好地适应了数字化时代的需求,也促使年轻一代更深入地了解和热爱中华传统文化。

三、文化节日和活动的推广

社交媒体的崛起为宣传中华传统文化节日和相关活动提供了一个强大而广泛的传播工具。这些传统节日,如春节、端午节等,是中国文化中深具传统魅力的重要组成部分。通过社交媒体平台,这些节庆活动得以迅速传播到全球,不仅使更多人了解和参与,还促进了不同文化之间的交流,有力推动了中华传统文化在国际上的认知和接受。社交媒体作为信息传播的重要渠道，使得中华传统文化节日能够在国际范围内得到更广泛的关注。通过在社交媒体上发布与传统节庆相关的内容，如庆祝活动、传统仪式、美食、服饰等，文化传承者和相关组织可以迅速将这些信息传递给全球观众。这种直接、即时的传播方式使得传统文化活动不再受限于地理位置和时间差异，使更多国际观众能够实时感受和参与。

社交媒体提供了丰富的传播形式，为中华传统文化节日的宣传呈现带来更多创新。从短视频、直播到图文并茂的帖子，各种形式的内容都可以在社交媒体上得到传播。通过多样性的形式，传统文化节日以更富有趣味性和吸引力的方式呈现，更好地引起了观众的兴趣和共鸣。特别是对于年轻一代，这种形式的宣传更符合其阅读和获取信息的习惯。通过使用多语言、多元文化的方式进行宣传，传统文化节日能够更容易地渗透到各个国家和地区。不同国家的观众可以在社交媒体上共同分享、评论，形成一个跨越地域和文化的社交互动网络。这样的传播方式有助于增强国际观众对中华传统文化的认知和理解，从而促使文化之间更深层次的交流。

此外，社交媒体为中华传统文化节日的宣传提供了强大的互动平台。观众不仅仅是被动地接收信息，更能够通过点赞、评论、分享等方式参与到传统文化活动的传播中。这种互动性加深了观众对传统文化的参与感，使他们更有可能深入了解和传承传统文化，从而推动文化的交流和传播。社交媒体还促进了中华传统文化与其他文化的融合。在社交媒体上分享不同国家、不同文化庆祝中华传统文化节日的方式，有助于拓展中华传统文化的影响范围，使其能够更好地融入全球文化的潮流，促进各个文明之间的相互尊重和理解。社交媒体作为中华传统文化节日宣传的强大工具，为这些传统文化活动在国际上的传播提供了更为广泛、直接和互动的平台。通过社交媒体的传播，中华传统文化节日能够更好地走向世界，吸引更多的国际观众参与其中。这种宣传方式不仅促进了中华传统文化的传承和弘扬，也为国际文化交流搭建了一座桥梁，促使各个文明之间更加紧密地互联互通。

四、文化艺术家和名人的影响力

社交媒体的崛起为文化艺术家和名人提供了一个前所未有的平台,让他们能够直接与粉丝进行互动,分享对中华传统文化的见解、创作和演出,从而将传统文化以一种更贴近年轻人的方式传递出去。这种直接的互动和影响力的扩大,有助于打破传统文化的陈旧印象,为中华传统文化赋予更富有现代感的表达形式。

社交媒体为文化艺术家提供了一个与粉丝近距离互动的平台。通过发布图文并茂的帖子、短视频、直播等形式,文化艺术家能够向全球的粉丝群体展示他们对中华传统文化的独特理解和表达。这样的互动方式使得粉丝更加直接地了解文化艺术家的创作过程、灵感来源以及对传统文化的深刻感悟。这种近距离的互动方式增加了粉丝的参与感,使他们更加深入地了解和感受中华传统文化。社交媒体的传播速度和广泛性为文化艺术家的影响力扩大提供了有力支持。在社交媒体平台上,文化艺术家的作品能够在短时间内迅速传播,影响全球范围内的观众。通过分享创作成果、演出精彩瞬间,文化艺术家能够积累庞大的粉丝基础,形成广泛的社交网络。这种广泛传播的方式使得中华传统文化不再局限于特定区域或受众群体,而是能够在全球范围内迅速传达,打破文化传播的地域限制。

文化艺术家在社交媒体上分享的内容不仅局限于作品本身,更包括他们对中华传统文化的独到见解和思考。通过文字、图片、视频等形式,文化艺术家可以讲解传统文化的内涵、历史渊源,甚至将其融入当代生活。这样的深度解读有助于受众更好地理解中华传统文化的价值和意义,使他们更有可能主动了解和深入学习传统文化。更为重要的是,社交媒体平台使得文化艺术家能够更为灵活地创造内容,将中华传统文化与当代元素相结合,使之更富有现代感。例如,一些文化艺术家可以通过穿越时空的创意短视频,将传统服饰与现代街头风格相融合,以引起年轻受众的兴趣。这种创新的表达方式能够让中华传统文化更好地融入当代生活,避免被视为过时或陈旧,使之更具有吸引力。

最为显著的影响之一是,社交媒体的普及让文化艺术家拥有了更为广泛的国际影响力。在国际社交媒体平台上,文化艺术家能够吸引来自世界各地的粉丝。这样的国际性影响力有助于将中华传统文化推广到国际舞台，促进中国文化在国际上的认知和接受。通过社交媒体的传播，中华传统文化得以在全球范围内迅速传播，为国际观众呈现一个更加丰富、生动和引人入胜的文化画卷。

五、国际合作和文化交流

社交媒体在中华传统文化的国际合作中发挥着举足轻重的作用，为文化组织、艺术家和爱好者提供了便捷的平台，使他们能够轻松地找到国际合作伙伴，共同推动中华传统文化在世界范围内的传播。这种国际合作不仅促进了文化的交流，还有助于在国际上建立更广泛的文化合作网络，从而推动文化多元性的理念在全球范围内的传播。

社交媒体平台为中华传统文化的国际合作提供了机会。文化组织、艺术家和文化爱好者可以通过在社交媒体上建立专业页面，分享中华传统文化的历史、艺术品、传统手工艺等内容，从而吸引国际受众的关注。这种直接面向全球的传播方式使得中华传统文化能够更广泛地被人们了解，为国际合作奠定基础。社交媒体为文化组织提供了一个寻找国际合作伙伴的平台。通过关键词搜索和专业领域的分类，文化组织可以轻松地找到在国际上有类似兴趣和目标的机构和个人。这种有针对性的搜寻使得合作伙伴的筛选更为精准，为中华传统文化的国际推广提供了更可靠的伙伴。社交媒体上的直接互动和消息沟通功能为文化组织和艺术家之间的合作提供了实时而高效的沟通方式。通过私信、评论或在线讨论组，合作伙伴可以迅速而直接地交流想法、协商合作细节，大大提高了合作的效率。这种便捷的沟通方式也有助于建立更加紧密的工作关系，推动中华传统文化的合作项目更加顺利地进行。

社交媒体平台上的互动性拉近了文化爱好者与艺术家、文化组织之间的距离。通过参与讨论、评论艺术品或活动，文化爱好者可以直接表达对中华传统文化的喜爱和支持，同时也能够更深入地了解文化组织和艺术家的工作。这种直接互动不仅提升了文化传播的参与感，也为潜在的国际合作伙伴提供了更多了解的机会。社交媒体的广泛传播和分享功能也为中华传统文化的国际合作提供了强大的推动力。一旦有了国际合作项目，在社交媒体上分享相关信息就可以迅速吸引更多的关注和参与。这种传播效应不仅能够提高项目的影响力,还有助于在国际上建立起更为稳固的文化合作网络。

社交媒体为中华传统文化的国际合作提供了全新的机遇和便利。通过广泛的曝光、寻找合作伙伴的平台、高效的沟通手段以及互动性强的特点,社交媒体推动了中华传统文化在国际上的认知和接受。这种国际合作不仅促进了文化的多元交流,也为文化传承与创新注入了更为广阔的发展空间。社交媒体已成为中华传统文化在全球范围内传播的有力助手,为文化的国际化贡献了独特的力量。

第三节 社交媒体时代中华传统文化国际传播的策略和效果

在社交媒体时代,中华传统文化的国际传播需要制定有效的策略,同时对传播效果进行评估。

一、社交媒体时代中华传统文化国际传播的策略

（一）内容创新与包装

1.短视频内容创新

在社交媒体时代,短视频成为一种引人注目的传播方式。通过创意和独特的呈现方式,展示中华传统文化的精髓,已成为当下使用短视频吸引观众的重要策略。通过这种新颖的传播方式,中华传统文化得以以更生动、有趣的形式呈现,打破了传统文化传播的束缚,让观众能够更加轻松地融入这一丰富而深厚的文化传承中。短视频的特点在于简洁、紧凑,能够迅速吸引观众的眼球。通过设计富有创意的画面,将传统文化元素以独特的方式呈现,不仅能够引发观众的好奇心,还能让他们更愿意深入了解中华传统文化的内涵。例如,将传统的"文房四宝"巧妙融入到一个富含艺术性的

短视频中，让观众既能欣赏到传统文化的美感，又能在短时间内了解到文房用具的重要性。

通过精心设计的画面来展示传统文化的符号和象征，能够直观地传递文化信息。例如，通过舞蹈、书法、绘画等形式的快速展示，将观众带入中华传统文化的艺术之美，引发他们对这一文化的好奇心和热情。视觉元素的巧妙运用可以让观众在短时间内感受到中华传统文化的深厚底蕴，激发他们对这一文化的兴趣。

音频元素则是短视频中另一个至关重要的组成部分。传统乐器演奏、解说等声音元素的运用，可以为观众创造出更加沉浸式的传统文化体验。例如，通过配乐的选择和编排，使观众在短视频中感受到传统音乐的韵律之美，为他们呈现一场视听盛宴。音频元素的巧妙运用有助于营造出一种独特的文化氛围，使观众更加深刻地感受到中华传统文化的魅力。而在整个短视频的制作过程中，创意是关键的推动力。制作者可以运用数字技术，采用新颖的特效和动画手法，使短视频更具时代感和创意性。例如，通过虚拟现实技术，观众可以沉浸式地体验传统文化场景，仿佛置身于古老的传统之中。这样新颖的呈现方式能够使观众在短时间内更全面地了解和接触传统文化，从而提升传统文化在年轻一代中的吸引力。

制作富有创意、独特的短视频是社交媒体时代中华传统文化传播的有效途径。通过巧妙运用视觉、音频等元素，创作者能够在短时间内传递出丰富的文化信息，吸引观众的关注，激发他们对传统文化的兴趣。这种创新的传播方式有助于打破传统文化的沉闷形象，使其更好地融入当代社会，为文化传承注入新的活力。

2.跨文化融合

在社交媒体时代，将传统文化元素与当代流行文化相结合，是一项极具吸引力的传播策略，旨在打破人们对传统文化的陈旧印象，使其更贴近当代生活，吸引更广泛的国际受众。这种独特的融合方式为传统文化注入了新的元素，使之更容易被年轻一代所接受，同时也为传统文化的传承和创新创造了新的机遇。传统文化与当代流行文化的融合常常表现在服饰和造型上，当下，如汉服以及其他少数民族传统服饰等，很多都巧妙地融入了现代的时尚设计，从而创造出了更加独特的时尚风格。通过时尚潮流的引领，观众能够在传统文化的基础上感受到当代时尚的魅力。例如，设计师可以将传统的刺绣、图案等元素融入现代时装设计中，创造出融合传统与时尚的服饰，吸引更多国际受众的目光。

音乐和舞蹈是传统文化与当代流行文化融合的重要方面。传统乐器的音律和旋律，可以与现代音乐进行巧妙结合，创造出独特的音乐风格。同时，传统舞蹈的舞步与当代舞蹈的元素相结合，形成了新颖的舞蹈风格，更具现代感。通过音乐和舞蹈的结合，传统文化不再局限于古老和守旧的形象，而是以时尚、动感的方式呈现，引发了更广泛的共鸣。在社交媒体平台上，独特的传统文化与当代文化融合也体现在短视频、图文等多媒体形式中。例如，创作者可以巧妙地将传统文化元素融入富含搞笑创意的短视频中，通过幽默的表达方式引发观众的共鸣。或者使用图文结合的方式，如通过漫画、插画等形式，将传统文化的经典元素与当代潮流相结合，形成有趣而富有艺术感的作品。这些多媒体形式的创作不仅增加了内容的多样性，同时也使传统文化更具现代化的包装，更易于被年轻受众接受。

社交媒体平台上的互动元素也为传统文化与当代流行文化的融合提供了更多可能。例如，可以通过线上挑战活动，邀请观众以传统文化元素为灵感，创作符合当代审美的作品。这种互动的方式可以促使观众更积极地参与，同时也推动了传统文化的创新和传承。

将传统文化元素与当代流行文化相结合，是一种有效的传播策略，能够吸引更广泛的国际受众。这种融合不仅让传统文化焕发出时尚与现代感，也为文化传承提供了新的创新路径。在社交媒体的推动下，这种融合将传统文化呈现得更为多元、生动，促使更多人走近、了解并热爱中华传统文化。

3.故事性叙述

故事是人类沟通和交流的最古老方式之一。在社交媒体时代，讲述有趣的故事是传播中华传统文化的一种极为有效的策略。这种方式不仅打破了传统文化沉闷乏味的印象，更能够在短时间内引起观众的共鸣，使传统文化融入人们的日常生活，成为引人入胜的文化体验。有趣的故事能够打破传统文化的严肃性，让观众在轻松的氛围中接触并理解传统文化的内涵。生动的情节、有趣的对话和元素，能够将传统文化呈现得更加活泼生动。例如，通过一个富有幽默感的故事情节，讲述传统文化中的某个习俗或传说，能够使观众在娱乐中获得文化的启发，从而更容易产生共鸣。

通过故事形式，传统文化可以以更具体的、贴近人心的方式展现。故事中的人物、场景和情节可以使抽象的传统文化概念具体化，使观众更容易理解和感受。一个生动的故事，能够使观众仿佛亲临其境，深刻感受到传统文化的魅力。例如，通过一位年轻人的成长故事，展示他是如何通过传统文化的学习和体验，找到自己的身份认同和文化自豪感。有趣的故事能够激发观众的情感共鸣。在故事中塑造具有情感共鸣点的人物，能够让观众产生对人物的关切和共鸣，从而更容易被故事所打动。这样的情感共鸣不仅让传统文化变得更加亲近，也让观众更容易对文化产生浓厚的兴趣。例如，在一个关于家庭、友谊或爱情的故事中，巧妙地融入传统文化元素，使观众在情感上与文化建立更加紧密的联系。

在社交媒体平台上，有趣的故事形式也更容易引起传播效应。观众愿意分享、转发那些让他们感到愉悦、有趣的内容，从而在社交网络中推动文化的传播。通过巧妙利用社交媒体平台的分享机制，有趣的故事可以迅速传播，吸引更多观众的关注。通过讲述有趣的故事，中华传统文化能够更轻松、更生动地走进人们的生活。这种传播方式不仅打破了传统文化的沉闷形象，也让观众更加主动地参与到文化传播的过程中。在社交媒体的大舞台上，有趣的故事是传播文化的独特媒介，为传统文化注入了新的活力，使其在时代潮流中焕发出不凡的魅力。

二、社交媒体时代中华传统文化国际传播的效果评估

（一）社交媒体数据分析

1.观众参与度

在社交媒体时代，观众的兴趣程度是通过点赞、分享、评论等数据来量化和评估的关键指标之一。这些互动数据不仅是观众对传统文化内容积极参与的表现，同时也是传统文化在社交媒体上影响力的直观反映。点赞是衡量观众对传统文化内容喜好程度的直观指标之一。当观众浏览传统文化内容并感受到吸引时，他们通常会通过点赞表达对内容的认可和喜欢。点赞不仅是一种积极的互动行为，更是对内容质量和吸引力的肯定。通过监测点赞数量的变化，可以清晰地了解到哪些传统文化内容更受观众欢迎，从而指导后续内容的制作和推广策略。

分享是评估传统文化内容传播力的重要指标。观众通常会在自己的社交圈内分享喜欢的内容，这不仅是对传统文化的认同，更是将其推荐给了更广泛的观众群体。分享行为会将内容引入更多人的视野，形成传播效应，进一步拓展传统文化在社交媒体上的影响范围。因此，通过监测分享数据，可以直观地评估传统文化内容的社交传播效果，了解哪些内容具有更强的传播潜力。评论数据则提供了观众对传统文化内容的更为深入和具体的反馈。

评论不仅是观众对内容的思考和意见表达，还是建设性的互动形式。通过仔细分析评论内容，可以获取观众的观点、需求和期待，为后续内容的优化和改进提供宝贵的参考。同时，积极的评论也有助于构建传统文化内容的社交氛围，吸引更多观众参与讨论，形成更为活跃的社群。

在社交媒体平台上，这些互动数据不仅仅是数字，更是观众与传统文化内容之间建立连接的体现。点赞、分享、评论的背后，蕴含着观众对传统文化的热情和参与程度，反映了内容的吸引力和社交影响力。监测和分析这些互动数据，可以通过不同指标和趋势更全面地了解观众的反馈。通过比较不同内容的互动数据，可以识别出更具吸引力的主题、元素或形式，为传统文化内容的制作提供有力的指导。此外，定期关注互动数据的变化，可以随时调整推广策略，更好地满足观众的需求，提升传统文化在社交媒体上的传播效果。

通过点赞、分享、评论等数据的监测和评估，人们能够客观地了解观众对传统文化内容的兴趣程度。这些互动数据不仅是数字化的反馈，更是传统文化在社交媒体上与观众建立联系的有力证明。通过深入挖掘这些数据背后的意义，可以更好地引导传统文化内容的制作与传播，提高社交影响。

2.粉丝增长

关注社交媒体账号的粉丝数量变化是衡量传播效果的重要指标之一。粉丝数量的增长反映了观众对内容的认可程度和对社交媒体账号的关注度。通过深入分析粉丝数量的变化，可以更全面地了解传统文化在社交媒体上的受欢迎程度，并为制定更有效的传播策略提供重要参考。粉丝数量的增长是传播效果显著的标志之一，当社交媒体账号发布有吸引力的传统文化内容时，观众更有可能选择关注该账号。这种积极的行为不仅意味着观众对内容的认同，也代表着传统文化在社交媒体平台上建立了可靠的品牌形象。通过关注粉丝数量的变化，可以直观地看到传统文化在社交媒体上的传播效果是否持续增长，从而判断推广活动的成效。

关注粉丝数量的变化有助于识别受众群体的偏好和需求，当粉丝数量发生变化时，可以通过分析关注和取消关注的人群特征，了解哪些群体更容易被传统文化内容吸引，以及哪些群体可能需要更加精准的定位和推广。这种深度洞察有助于制定更为精准的内容策略，更好地满足不同受众的需求，提高传统文化在社交媒体上的传播精准度。关注粉丝数量的变化也是评估推广活动效果的直观指标，当推广活动有效时，社交媒体账号的粉丝数量往往会有较大的增长。通过监测不同时间段、不同活动推出后粉丝数量的变化，可以更具体地分析哪些推广活动对观众产生了积极影响。这有助于总结推广成功的经验，为未来的活动提供经验教训，更好地引导传统文化在社交媒体上的长期传播规划。

除了粉丝数量的绝对变化，还需关注互动性指标，如点赞、评论和分享。这些数据更能体现观众对传统文化内容的深度参与和喜爱程度。通过综合考虑这些互动数据，可以更全面地评估传播效果，判断传统文化在社交媒体上的受欢迎程度和社交影响力。需要注意的是，粉丝数量变化并非唯一的评估标准，还应结合其他因素综合考虑。例如，内容质量、推广活动的创意度、与观众互动的效果等都是影响传播效果的关键因素。因此，在关注粉丝数量的同时，还需全面考虑其他数据和观众反馈，形成更为全面的评估体系，为传统文化在社交媒体上的传播提供更科学、有针对性的引导。

（二）在线调查和反馈

在社交媒体时代，在线调查收集观众对中华传统文化内容的反馈是一种直接而高效的手段。社交媒体平台上的投票功能，能够更直接、实时地向观众征求意见，深入了解他们的看法和建议。这种方式不仅为传统文化内容的改进提供了有力指导，也促使观众更积极地参与到文化传播的过程中。

社交媒体平台的投票功能提供了一种直观的参与方式。通过设计有趣且富有创意的投票问题，可以使观众通过简单的点击，表达自己对中华传统文化内容的喜好、期望或建议。这种直观的参与方式不仅让观众感到轻松，也使得更多人愿意分享他们的看法，为传统文化内容的改进提供更为直接的意见和建议。社交媒体平台的投票功能有助于集中观众的意见。通过设定明确的投票选项，可以聚焦观众关注的核心问题，更有针对性地收集反馈。例如，可以通过投票方式询问观众对于不同传统文化元素的喜好程度，或者就特定传统文化活动的呈现方式作出选择，使调查更具针对性，以利于进行针对性改进。

社交媒体上的投票结果也能够为内容制作者提供直观的反馈。通过实时监测投票结果，可以及时了解观众的偏好和态度。这为制作者提供了一个快速的反馈回路，使他们能够更灵活地调整内容策略，满足观众的期待。这种实时性的反馈机制有助于更迅速地适应观众的需求，提升传统文化内容的吸引力。

在设计投票问题时，要涵盖多个方面，如内容主题、形式呈现、频率发布等。例如，可以询问观众对于传统文化活动的形式更偏好于直播、短视频还是长篇文章；或者征求观众对于传统文化与现代元素融合的意见，以及他们更喜欢哪些具体的融合方式。调查还可以针对观众的年龄、地域、文化背景等因素展开，以更全面地了解不同群体的需求和反馈。这有助于制作者更有针对性地制作内容，满足不同观众群体的期待，实现更广泛的文化传播效果。

通过社交媒体平台上的投票功能设计在线调查，收集观众对中华传统文化内容的反馈，是一种直接、高效且互动性强的评估方式。这种评估不仅让观众更主动地参与到文化传播中，也为制作者提供了直接、实时的反馈，有助于提升传统文化内容的品质，使其更好地满足观众的需求，推动传统文化在社交媒体中的积极传播。

结　语

在跨文化传播的视角下，中华传统文化的国际化发展有着广泛而深刻的前景。随着全球化的深入和文化交流的加强，中华传统文化有机会在国际舞台上焕发新的生机，为人类共同的文化遗产作出更大的贡献。

中华传统文化的国际化发展为世界提供一扇了解中国独特文化的窗口。通过孔子学院等平台，中文教育和传统文化课程的普及将使更多国际学生深入了解中华文明的博大精深。这种深入了解将有助于消除文化隔阂，增进各国人民的相互理解，为世界文化的多样性和共生提供坚实基础。中华传统文化的国际化发展将在全球范围内促进文化创新和融合。在与其他文化相互交流的过程中，中华传统文化有机会与其他文化相互借鉴，产生新的艺术、思想和价值观。这种文化融合不仅能够丰富世界文化的内涵，也有助于推动人类文明的共同发展。

中华传统文化的国际化发展将成为构建人类命运共同体的重要一环。在跨文化传播的背景下，不同国家、不同民族之间的交流将变得更加密切。通过共同的语言、艺术和价值观，各国人民可以更好地沟通、合作，构建更为紧密的国际社会。中华传统文化的国际化发展将为这一人类命运共同体的构建提供有力的文化支撑。中华传统文化的国际化发展还将为中国在国际事务中扮演更积极的角色提供支持。通过文化软实力的影响，中国将更容易在国际舞台上取得更大的认可和尊重。这将为中国在全球治理中发挥更大作用创造有利条件，助力中国为构建人类命运共同体、推动全球发展事业作出更大的贡献。

然而，要实现中华传统文化的国际化发展，仍然需要应对一系列挑战。在文化适应性、语言教学、政治敏感性、本土化平衡等方面，都需要更为灵活和有深度的策略。此外，随着信息技术的发展，互联网上的文化传播也将成为一个关键领域，我们需要更好地应对网络安全和信息控制的问题。中华传统文化在跨文化传播中展望美好，既是中国文化的独特贡献，也是世界文化的宝贵财富。通过不断努力，中华传统文化将在国际化的大潮中蓬勃发展，与各国文化共同繁荣。在这个过程中，我们有望见证不同文化之间的深度融合，为构建更加开放、包容、共生的世界奠定坚实基础。中华传统文化的国际化发展，不仅仅是中国的文化自信，更是全人类文明的共同进步。

参考文献

[1]池佳慕，许蓉新，吴晓，等."一带一路"视域下中国传统工艺的跨文化传播研究[J].商展经济，2024（02）：104-107.

[2]董世斌，安秋慧.共情传播视域下胡同文化的跨文化传播研究[J].传播与版权，2024（02）：84-86.

[3]常继文.影视媒介实现跨文化传播的策略[J].记者摇篮，2024（01）：27-29.

[4]郭少彬.跨文化中的中国奥运会叙事研究[J].现代商贸工业，2024，45（04）：62-64.

[5]袁梦婷，江粤军.跨文化传播视角下巧用创意设计讲好中国故事[J].文化产业，2023（31）：125-127.

[6]李承骏.以跨文化传播为导向的中国戏曲人才培养方式探索——评《中国戏曲跨文化传播人才培养战略研究》[J].传媒，2023（24）：97-98.

[7]陈静.自媒体时代高校中华优秀传统文化教育的重构设计研究[J].教育探索，2024（01）：51-55.

[8]王润珏，高再红.因势而新：中华优秀传统文化国际传播探索与展望[J].对外传播，2024（01）：24-27.

[9]郭敏，张地珂.创新中国语言文化国际传播路径[N].中国社会科学报，2023-11-10（008）.

[10]李欢，孟国正.文化自信背景下北京冬奥会中华优秀传统文化国际传播研究[C]//中国体育科学学会.第十三届全国体育科学大会论文摘要集——专题报告（体育新闻传播分会）.河南师范大学体育学院，2023.

[11]周葆华，夏雯婧.中华传统文化传播的技术创新趋势——基于专利数据的实证

研究[J].对外传播，2023，（10）：21-25.

[12]宛玲玲.中华民族传统体育国际化研究——以跳绳为例[C]//国家体育总局体育文化发展中心,中国体育科学学会体育史分会.2022年东盟体育科学大会论文摘要集.兰州理工大学，2022.

[13]肖洪波,文明华.全球华文教育视角下舞龙国际化发展的研究[J].吉林体育学院学报，2014，30（04）：106-108.

[14]汤立许.中华武术软实力的表现形式、失范及选择路径之思考[J].沈阳体育学院学报，2012，31（06）：124-127.

[15]陈永祥.当前汉语国际化趋势下的文化发展战略意义讨论[J].北京教育学院学报，2007（03）：28-31.

[16]崔文学.传统武术历史文化形态及其发展对策[J].搏击(武术科学),2007(04)：14-15.

[17]段迪."一带一路"倡议下汉语国际传播中的中华传统文化认同探视[J].赤峰学院学报（汉文哲学社会科学版），2020，41（04）：71-75.

[18]沈晓燕."一带一路"倡议背景下中华传统文化在中亚来华留学生中的传播路径研究[J].国际公关，2022（15）：122-124.

[19]阿衣加玛丽·吾不力哈斯木."一带一路"倡议下新疆高校的中国古典舞课程建设[J].尚舞，2021（08）：121-123.

[20]尹萍."一带一路"倡议下中华传统餐饮文化"走出去"的路径研究[J].旅游纵览，2021（05）：14-16.

[21]陈思文,郭强.优秀传统文化融入汉语教学的价值、困境与进路——以中外合办孔子学院为例[J].汉字文化，2023（20）：77-79.

[22]陈丽霞.孔子学院对传播中华优秀传统文化的重要作用[J].文化产业，2022，（33）：157-159.

[23]佘远富,莫凡.儒家学说的国际传播：回顾及启示[J].学海，2020（06）：63-67.

[24]高业,张永刚,贾慧,等.高校汉语言文学教学弘扬中华传统文化之我见[J].教育教学论坛，2020（34）：346-347.

[25]于晨辰.China Daily报道中孔子的媒介形象塑造研究[J].新闻研究导刊，2019,

10（16）：1+5.

[26]潘有成,耿献伟,张航.短视频视角下藏族传统体育文化传播路径研究[J].武术研究,2024,9（01）：115-117.

[27]祁文珊.公共管理视角下直播带货当中文化传播优化路径[J].中国储运,2024（01）：86.

[28]杨保华.文化传播视角下公共图书馆文创产品开发策略研究[J].河南图书馆学刊,2023,43（12）：37-39.

[29]李青.文学接受：一种"特定预设"的视角——以易卜生作品的跨文化传播为例[J].参花（中）,2023（12）：73-77.

[30]刘娅琴.文化记忆视角下的黄河文化传播探索——评《中原黄河文化产业化发展研究》[J].人民黄河,2023,45（12）：168.

[31]侯雯,李楠,张宏娟,等.跨文化传播视角下的非物质文化遗产外宣翻译研究——以黑龙江为例[J].明日风尚,2023（23）：142-144.

[32]王娟熔.传播者视角的佛教文化传播[J].北京印刷学院学报,2023,31（11）：51-54.